国有资本

投资运营公司的管理

MANAGEMENT OF STATE-OWNED CAPITAL INVESTMENT OPERATING COMPANIES

仁达方略管理咨询公司◎著

中国财富出版社

图书在版编目（CIP）数据

国有资本投资运营公司的管理／仁达方略管理咨询公司著．—北京：中国财富出版社，2019.7（2023.10 重印）

ISBN 978－7－5047－6969－5

Ⅰ.①国⋯ Ⅱ.①仁⋯ Ⅲ.①国有企业—投资公司—企业管理—研究—中国 Ⅳ.①F832.39

中国版本图书馆 CIP 数据核字（2019）第 144416 号

策划编辑 谷秀莉 **责任编辑** 王 君

责任印制 梁 凡 **责任校对** 刘瑞彩 **责任发行** 董 倩

出版发行 中国财富出版社

社　　址 北京市丰台区南四环西路 188 号 5 区 20 楼 **邮政编码** 100070

电　　话 010－52227588 转 2098（发行部） 010－52227588 转 321（总编室）

010－52227566（24 小时读者服务） 010－52227588 转 305（质检部）

网　　址 http://www.cfpress.com.cn

经　　销 新华书店

印　　刷 宝蕾元仁浩（天津）印刷有限公司

书　　号 ISBN 978－7－5047－6969－5/F·3046

开　　本 710mm×1000mm 1/16 **版　　次** 2019 年 9 月第 1 版

印　　张 12.5 **印　　次** 2023 年 10 月第 5 次印刷

字　　数 186 千字 **定　　价** 49.80 元

编委会

推荐序一

Preface

为国有资本投资运营公司改革提供管理方法

仁达方略管理咨询公司的《国有资本投资运营公司的管理》即将面世，邀我作序并给予推荐，我欣然应允。目前，国有资本投资运营公司的改革正如火如荼地展开，成为2019年国资国企改革的重头戏。这本书的出版，恰逢其时。

党的十九大报告指出，要完善各类国有资产管理体制，改革国有资本授权经营体制，加快国有经济布局优化、结构调整、战略性重组，促进国有资产保值增值，推动国有资本做强做优做大，有效防止国有资产流失。改革国有资本授权经营体制被摆在核心位置。

国有资本投资运营公司的改革，上接国资改革，下接国企改革。以管资本为主来完善国资管理机构与体制，实质是以改革国有资本授权经营体制为中心，改组组建国有资本投资、运营公司，进一步放权、授权，使得所有权与经营权进一步分开，让企业充分走向市场。授权经营国有资产制度，是国家将国有资本的出资人权利给予国有资本运营公司，并由企业自主经营，从而形成的权利和义务的法律规范，推动经营体制的改革和完善。

党的第十八届三中全会以来，我国在促进国资监管职能转变、完善出资人权责清单、放权授权于企业、改组组建国有资本投资运营公司等方面已取得了重要进展。但从实际效果和企业反映来看，各地向管资本转变的步伐总体上比较慢，管得过多、过细的问题尚未根本解决，同时又出现了“多头管理”的新问题。全国目前已改组组建140余家国有资本投资运营公司，其中，中央企业层面就有21家。从各地的试点情况来看，一些国有资本投资运营公司在推进供给侧结构性改革、“僵尸企业”处置、混合所有制改革、新动能培育等重大事项中，已经发挥出了重要作用，但也有部分国有资本投资运营公司并没有切实发挥出管资本的作用，存在定位不清、授权不到位、上下左右关系不顺等问题。这些，很多属于管理方面的问题。国有资本投资运营公司事关管资本的管理体系能否真正确立、国有资本布局能否持续优化、企业活力能否不断增强等重大问题，必须把做实国有资本投资运营公司作为深化国资国企改革的先手棋，作为破除企业行政束缚的突破口。下一步不仅仅要夯实基础性制度，而且要为国有资本投资运营公司改革提供管理方法，加快推进向管资本转变的步伐。

第一，尽快对中央和地方的试点情况进行全面评估，总结经验、破解问题，消除分歧、形成共识。全国开展国有资本投资运营公司试点工作已有近5年时间，中央企业进入第三批试点，地方模式又各不相同，有些试点企业还摸不着门道，因此有必要对试点情况进行一次全面评估，对国有资本投资运营公司的数量、范围、管理体制及运营机制等进行研究，把这方面的管理经验也总结出来。

第二，各地须进一步明确不同类型国有资本投资运营公司的定位和使命。从各地试点企业的运作情况来看，大部分试点企业的定位和使命并不清晰，众多企业沿袭了过去产业集团的定位，投资运营也仅限于自己的“一亩三分地”，没有发挥出更大范围调整国有资本布局的功能。国有资本投资运营公司作为市场化的积极股东，既是部分企业国有股权的持股主体，也是国有资本市场化运营的执行主体，更要成为部分一般竞争性领域国资退出和其他领域国资调整的主通道。

第三，规范国有资本投资运营公司对出资企业的管理。改组组建国有资本投资运营公司的另一目的就是要解放生产企业，国有资本投资运营公司作为出资人，不从事具体生产经营活动，不干预出资企业的日常经营，仅以出资额为限对出资企业行使出资人权利。实践中，很多国有资本投资运营公司由产业集团改组而来，如何改变过去的做法，规范对下属公司的管理是一项首要改革任务，需要上下联动、共同推进。一是政府或国资监管机构要放权授权到位，管资本以外的管理事项不再向国有资本投资运营公司以下延伸；二是对下属企业要积极推进股权多元化改革，在此基础上推动建立规范的治理结构；三是处理好股权管理与产业使命之间的关系，国有资本投资公司进行产业培育、提升产业竞争力的手段应有别于产业集团，要更多运用资本手段。

这本书所探讨的问题与上述的难题相一致，正视了以上问题的存在。这本书从理论探索篇、方法论篇、实操篇、法人治理篇、核心能力建设篇、展望篇等角度探讨，总体上以“管理”二字归纳，也是恰当的。其中，开头部分阐述了有关国企改革的政策方针，并阐释了文件《国务院关于推进国有资本投资、运营公司改革试点的实施意见》，明确了国有资本投资、运营公司的功能定位、组建方式、授权范围、治理结构等。难得的是，在结尾部分探讨了中粮改组、国投改组、招商局集团做法，同时也讨论了天津市、上海市和重庆市国企混改的新进展。本书的优势和特色在于：一是具有理论分析，同时对当前经济形势下的企业应对之道进行了探索性思考；二是从管理着手，用典型事实讲话，具有方法论特征。

仁达方略管理咨询公司对国企改革的管理研究是走在前面的，具有开创管理前沿、侧重于集团管理研究的特征。十多年前仁达方略出版的“集团管控系列”丛书，还获过经济管理类图书奖，在推进企业管理实践中发挥了很好的作用。在国有资本投资运营公司改革推进的关键时刻，仁达方略提供了系统的管理理论与方法，对国资平台公司如何运营，如何实施集团管控，具有指导意义。相信这本书能够为国有资本投资运营公司带来诸多助益。这本书也值得相关领域的研究者、实践者、决策者研读。

李　锦

长江商学院大企业研究中心研究员

中国企业改革与发展研究会副会长

2019 年 7 月

推荐序二

Preface

党的十九大报告指出，加快国有经济布局优化、结构调整、战略性重组，促进国有资产保值增值，推动国有资本做强做优做大，有效防止国有资产流失；深化国有企业改革，发展混合所有制经济，培育具有全球竞争力的世界一流企业。这是在新的历史起点上，以习近平同志为核心的党中央对国有企业改革作出的重大部署。

国有企业改革已经走过了四十多年的历程，在放权让利、政企分开、承包租赁、打破“三铁”、股权多元、有进有退等许多方面都进行了积极探索，既有经验，也有教训。党的十八大以来，特别是十八届三中全会之后，国有企业改革和发展迈入了一个新的阶段，建立国有资本投资运营公司就是一个重要的新举措。2014 年以来，国务院国资委一直在推进国有资本投资运营公司的试点改革，许多地方的国资委也在推进这项工作。发挥国有资本投资运营公司的功能是新一轮国资改革的重要一环，既是构建新型国资监管体系的内在要求，也是推进国企深化改革的重要保障。

国资授权经营体制改革徐徐而来，国有资本投资运营公司也开始在国资布局中展露身手。正确研读《中共中央、国务院关于深化国有企业改革的指导意见》《国务院关于推进国有资本投资、运营公司改革试点的实施意见》《国务院国资委以管资本为主推进职能转变方案》《国务院关于改革和完善国有资产管理体制的若干意见》等文件，明确国有资本投资运营公司的功能定位、组建方式、授权机制等，构建行之有效的国资监管体系，对国有资本投资运营公司具有重要意义。

本书浓缩了仁达方略对国企改革的深入研究，既有理论，更有实际经验。本书的主要特点，就是针对实践中普遍遇到的重点难点问题进行解惑释疑，因而具有很高的实用价值。国资投资运营平台公司的组建和运营成为本轮国资国企改革的重要亮点，但是对于国资投资运营平台公司如何运营，如何实施集团管控，目前尚无成熟的经验，而仁达方略在2016年2月就操盘了第一个国资平台集团管控咨询项目，从而获得了早期经验，使得本书对实际工作具有指导意义。此外，本书也对国企改革背景下集团管控的变革进行了探讨，所以也具有新颖性。

相信这本书能够帮助国有资本投资运营公司全面厘清国企改革的发展过程以及国有资本投资运营公司的发展路径，从中获得实用的操作建议，以更好地推动、深化国有企业改革。希望本书也能给读者带来轻松愉悦又能启发思考的阅读体验。

张文魁

国务院发展研究中心企业研究所副所长

2019年7月

自　序

Preface

砥砺奋进　书写国企改革精彩

国企改革正如火如荼地展开，波澜壮阔，风起云涌。

有关国有资本投资公司和国有资本运营公司，现在大家一般习惯简称两类公司。有关两类公司的组建，国家出台了相关的文件，包含63号文、23号文等，央企和各地方国资委、地方国有企业都选择了相关试点单位，这在很长一段时间内成为我们国企改革的主要内容。

但是这两类企业的定位，无论在理论还是实践上仍然有模糊性，具体到企业，在组建、改组改建成为两类公司过程中，有很多现实问题，有很多疑惑。

改组改建之后，立刻就面临在新的定位下如何经营管理、如何在改革框架下继续发展的问题。这些方面国内的零散研究很多，但真正地把它们作为市场竞争主体来进行总体性研究，特别是结合行业或地域，为监管机构、企业决策者和企业职能部门提供现实的指导，尤其是系统性的指导，这一类成果就不多了。

鉴于这种现实，仁达方略结合多年来参与各级国有企业改革发展的经验，系统研究整理了有关两类公司组建和管理的一整套方法论，涵盖了定位、战略、组织管控、运营管理、风控内控等各个方面。这套方法论在前期是得到了实践检验的，被证明行之有效，当然改革总有新问题，而解决问题总有新思路、新办法。

改革是手段，不是目的；改革的目的是促进企业发展。我们希望通过这样一套书所呈现的内容，将前期的国企改革成功经验加以推广，对内在的逻辑机理加以归纳分析，用实证性的方法论给企业改革以借鉴，同时也欢迎各类研究机构、研究者、企业从业人员不断丰富和发展这套方法论，共同助力企业的改革发展，共同助力企业竞争力的提升，共同助力中国经济的腾飞，共筑中国梦！

王吉鹏

北京仁达方略管理咨询股份有限公司董事长

2019 年 4 月 24 日

目　录

理论探索篇

方法论篇

实操篇

法人治理篇

核心能力建设篇

展望篇

附　录

参考文献

理论探索篇

第一讲 深化国企改革“1+N”顶层设计

党的十八大以来，我国深化国企改革顶层设计基本完成，形成了“1+N”政策体系和四梁八柱的框架，改革的系统性、整体性、协同性不断增强①。

“1+N”深化国企改革顶层设计方案是一个总纲性文件，由国务院国企改革领导小组负责总揽，2012年12月首次提出，包括国企分类、改革布局、公司治理、监事会强化和党建工作等多个方面。

其中，“1”为《中共中央、国务院关于深化国有企业改革的指导意见》（中发〔2015〕22号），“N”为配套文件，如表1-1所示。“1+N”顶层设计在政策上相互配合，在实施过程中相互促进，相得益彰，对推动央企、各地国有企业进行改革实践探索发挥了引领、促进和指导作用。

表1-1 “1+N”顶层设计政策文件

类别	文件
“1”	《中共中央、国务院关于深化国有企业改革的指导意见》（中发〔2015〕22号）
配套文件	《国务院关于改革和完善国有资产管理体制的若干意见》（国发〔2015〕63号）
	《国务院关于国有企业发展混合所有制经济的意见》（国发〔2015〕54号）
	《国务院国资委以管资本为主推进职能转变方案》（国办发〔2017〕38号）

① 吴起龙．国资委：国企改革顶层设计基本完成 形成“1+N”政策体系［EB/OL］．（2017-09-28）［2018-10-20］．http：//finance. china. com. cn/news/20170928/ 4408012. shtml.

续　表

类别	文　件
配套文件	国资委 财政部 发展改革委关于印发《关于国有企业功能界定与分类的指导意见》的通知（国资发研究〔2015〕170号）
	《关于在深化国有企业改革中坚持党的领导加强党的建设的若干意见》（中办发〔2015〕44号）
	关于印发《关于国有控股混合所有制企业开展员工持股试点的意见》的通知（国资发改革〔2016〕133号）
	《国务院办公厅关于推动中央企业结构调整与重组的指导意见》（国办发〔2016〕56号）
	国务院关于印发《加快剥离国有企业办社会职能和解决历史遗留问题工作方案》的通知（国发〔2016〕19号）
	《国务院办公厅关于进一步完善国有企业法人治理结构的指导意见》（国办发〔2017〕36号）
	《国务院国资委关于国有企业更好履行社会责任的指导意见》（2016）
	《中央企业境外国有资产监督管理暂行办法》（国资委令第26号）
	《国务院办公厅关于加强和改进企业国有资产监督防止国有资产流失的意见》（国办发〔2015〕79号）
	国有资产管理委员会关于印发《中央企业负责人薪酬管理暂行办法》的通知（国资发分配〔2004〕227号）
	《国资委　财政部　证监会关于加强和改进国有企业监事会工作的若干意见》（国资发监督〔2016〕174号）
	《中央管理企业负责人薪酬制度改革方案》（2014）
	《国资委　财政部　证监会关于进一步加强和改进外派监事会工作的意见》（2016）
	《国资委　财政部　证监会关于国有控股混合所有制企业开展员工持股试点的意见》（2016）
	关于印发《关于完善中央企业功能分类考核的实施方案》的通知（国资发综合〔2016〕252号）

续 表

类别	文 件
配套文件	《企业国有资产交易监督管理办法》（国务院国资委、财政部令第 32 号）
	《国务院关于创新重点领域投融资机制鼓励社会投资的指导意见》（国发〔2014〕60 号）
	《国务院办公厅关于建立国有企业违规经营投资责任追究制度的意见》（国办发〔2016〕63 号）
最新政策	《国务院关于推进国有资本投资、运营公司改革试点的实施意见》（国发〔2018〕23 号）
	关于印发《国企改革“双百行动”工作方案》的通知（国资发研究〔2018〕70 号）

资料来源：国务院国资委官网。

综上所述，在“1 + N”政策体系框架下，我国国有资产（以下简称国资）改革已经进入以管资本为主、主次分明、上下结合、全面深化的新阶段，改革的难度和复杂性增强。十九大后，在习近平新时代中国特色社会主义思想的指导下，国资改革发展的蓝图和实现路径也在逐渐清晰化。

第二讲　国资投资、运营公司试点扩围

2014 年 7 月，国务院国资委选定中粮集团有限公司（以下简称中粮集团）和国家开发投资集团有限公司（以下简称国投）作为首批国有资本投资公司试点单位。

第二批试点名单中，新增国有资本运营公司 2 家，分别为中国诚通控股集团有限公司（简称诚通集团）和中国国新控股有限责任公司（简称中国国新）；新增国有资本投资公司 6 家，分别为神华集团有限责任公司（简称神华集团）、中国宝武钢铁集团有限公司（简称宝武钢）、中国五矿集团有限公司（简称中国五矿）、招商局集团有限公司（简称招商局集团）、中国交通建设集团有限公司（简称中交集团）、中国保利集团有限公司（简称保利集团）。

至此，央企改组组建国有资本投资、运营公司试点企业扩展到了“2 + 8”共计 10 家。

37 家省级国资委中，有 21 家改组组建了 52 户国有资本投资、运营公司。

党的十九大后，改组组建国有资本投资、运营公司作为一项制度创新，已经由政策制定阶段进入试点实施阶段。据不完全统计，已公布央企、地方国有资本投资、运营公司试点企业超过 100 家[①]。

中央经济工作会议明确提出，2019 年要抓好的重点工作任务包括，加

---

① 施能自，吴芙蓉．新一轮国企改革的思考与操作实务［M］．北京：中国经济出版社，2017.

快国资国企改革，坚持政企分开、政资分开和公平竞争原则，做强做优做大国有资本，加快实现从管企业向管资本转变，改组成立一批国有资本投资公司，组建一批国有资本运营公司。

2018 年年初，国务院国有企业改革领导小组选取百余户央企子企业和百余户地方国有骨干企业（简称“双百企业”），在 2018 年至 2020 年期间深入推进综合性改革，力求在改革重点领域和关键环节率先取得突破，打造一批治理结构科学完善、经营机制灵活高效、党的领导坚强有力、创新能力和市场竞争力显著提升的国企改革尖兵，凝聚起全面深化国有企业改革的强大力量。2018 年 12 月 28 日，国企改革“双百行动”正式启动，力求更深层次、更广范围、更大力度地推动国有企业深化改革。

按照中央将更多具备条件的中央企业纳入国有资本投资、运营公司试点的部署，2018 年年底，国有资本投资、运营公司试点名单再度扩围，国资委确定了 11 家央企作为第三批国有资本投资公司试点企业，分别是：国家电力投资集团（简称国家电投）、中国机械工业集团有限公司（简称国机集团）、中国铝业集团有限公司（简称中国铝业）、中国远洋海运集团有限公司、中国通用技术（集团）控股有限责任公司、中国建材集团有限公司、中国广核集团有限公司（简称中广核）、新兴际华集团有限公司、南光（集团）有限公司、中国航空工业集团有限公司、华润（集团）有限公司①。

截至 2019 年 3 月，中央企业国有资本投资运营公司试点企业已经从 10 家扩大到 21 家，其中 19 家是投资公司，2 家是运营公司②。全国范围

---

① 刘丽靓．新一批国有资本投资运营公司试点企业共 11 家：包括国家电投、华润集团、中广核等［EB/OL］.（2018 - 12 - 24）［2018 - 12 - 28］. http：//news. bjx. com. cn/html/20181224/951335. shtml.

② 李楠桦，仝宗莉．国资委：国有资本投资运营公司试点在央企已扩大到 21 家［EB/OL］.（2019 - 01 - 07）［2019 - 02 - 04］. http：//ccnews. people. com. cn/n1/2019/0117/c141677 - 30564083. html.

内在122家地方国企开展了改组两类公司试点。

国有投资、运营公司试点企业在试体制、试机制、试模式等方面进行了大量的实践探索，取得了积极成效和有效经验。2019年，试点企业将持续打造“升级版”，重点在以下三个方面加大力度：

一是调整管控模式，加大授权放权力度。

国务院国资委将在战略规划、工资总额管理、选人用人和激励机制、财务和产权管理等方面进一步加大向相关试点企业授权放权的力度；试点企业在集团与子公司的关系上也要进一步转型，赋予下属企业更多的经营自主权，把管理的重点从直接管控转向战略管控，建立规范、专业、高效的总部管控模式，把总部真正打造成产业培育的牵引、风险管控的枢纽、公司治理的典范。

二是优化产业布局，提高国有资本的配置效率。

两类公司是国有资本布局优化调整的重要平台，通过试点在聚焦主业的基础上推动企业主动作为，该进的要进，该退的要退。凡是国有资本投资、运营公司出资的企业要加大混合所有制改革或上市力度，真正实现国有资本投资公司由股东来管理投资的企业，使企业成为独立的市场主体。

三是推动机制转换，激发企业的活力。

突出市场化改革的导向，进一步转换企业经营机制，着力完善激励约束机制。进一步落实董事会的重大决策、选人用人、薪酬分配的权力，最大限度地激发各级企业的内在活力，增强市场竞争力，推动企业高质量发展。①

2019年中央及各地方政府、国资监管部门部署国企改革的重点工作有以下五点：

一是加快实现从管企业向管资本的转变。

加快推进国资监管机构的职能转变，完善出资人监督的权力和责任清

① 王希.11家试点央企打造国有资本投资公司“升级版”[EB/OL].（2019-02-19）[2019-03-08].http：//www.chinajsb.cn/html/201902/19/1617.html.

单，依法落实企业的法人财产权和经营自主权。创新监管的方式手段，全面建成国资国企在线监管系统，强化事中、事后监管，切实减少事前审批和核准事项。

二是加快改组组建国有资本投资、运营公司。

继续深化国有资本授权经营体制改革，建立授权调整机制，探索将部分出资人的权力授予试点企业。推动国有资本投资、运营公司的组织架构、管控模式的改革，进一步打造市场化运作的专业平台，在国有经济战略性重组和布局结构的优化中发挥更大的作用。

三是积极推进混合所有制和股权多样化改革。

对国有资本投资、运营公司的出资企业，对主业处于竞争领域的商业类企业，鼓励加大混合所有制的改革力度，进一步扩大重点领域的混改试点，以混促改，加快转换企业经营机制，特别是要在完善公司治理、市场化选人用人、加强激励有效性等方面取得实质性的进展。进一步推动中央企业集团层面的股权多样化，积极探索有别于国有独资企业的公司治理和监管模式。

四是加快完善市场化经营机制。

深入推进中国特色现代国有企业制度建设，把加强党的建设和完善公司治理统一起来，深化落实董事会职权，在授权、放权上取得进展。开展三项制度改革的专项行动，推动完善市场化选人用人的激励约束机制，在更大范围内、更大力度上推行经理层的任期制和契约化。加快建立职业经理人制度，积极探索建立与市场接轨的经理层激励制度、差异化的薪酬体系。

五是深入推进综合性改革，综合复制、推广前期各项改革试点所积累形成的经验，增强改革的系统性、整体性、协同性，形成政策合力和综合效应。

2019 年，各地方国资监管部门将重点落实“一个确保、六个强化”。“一个确保”是指确保实现效益的稳步增长；“六个强化”是指强化实业主业、改革落地、自主创新、管理提升、风险管控、职能转变等。[①]

央企和地方国企改组组建两型公司试点名单如表 1－2 所示。

表 1－2 央企和地方国企改组组建两型公司试点名单[②]

<table>
<tr><th>中央/地方</th><th>国有资本投资公司</th><th>国有资本运营公司</th></tr>
<tr><td>中央</td><td>国家开发投资集团有限公司</td><td>中国诚通控股集团有限公司</td></tr>
<tr><td>中央</td><td>中粮集团有限公司</td><td rowspan="7">中国国新控股有限责任公司</td></tr>
<tr><td>中央</td><td>神华集团有限责任公司</td></tr>
<tr><td>中央</td><td>中国宝武钢铁集团有限公司</td></tr>
<tr><td>中央</td><td>中国五矿集团有限公司</td></tr>
<tr><td>中央</td><td>招商局集团有限公司</td></tr>
<tr><td>中央</td><td>中国交通建设集团有限公司</td></tr>
<tr><td>中央</td><td>中国保利集团有限公司</td></tr>
<tr><td>中央</td><td>国家电力投资集团</td><td></td></tr>
<tr><td>中央</td><td>中国机械工业集团有限公司</td><td></td></tr>
<tr><td>中央</td><td>中国铝业集团有限公司</td><td></td></tr>
<tr><td>中央</td><td>中国远洋海运集团有限公司</td><td></td></tr>
<tr><td>中央</td><td>中国通用技术（集团）控股有限责任公司</td><td></td></tr>
<tr><td>中央</td><td>中国建材集团有限公司</td><td></td></tr>
<tr><td>中央</td><td>中国广核集团有限公司</td><td></td></tr>
<tr><td>中央</td><td>新兴际华集团有限公司</td><td></td></tr>
<tr><td>中央</td><td>南光（集团）有限公司</td><td></td></tr>
<tr><td>中央</td><td>中国航空工业集团有限公司</td><td></td></tr>
<tr><td>中央</td><td>华润（集团）有限公司</td><td></td></tr>
</table>

① 顾志娟．今年国企改革划重点：加快组建国有资本投资运营公司［EB/OL］．（2019－01－17）［2019－02－08］．http：//www. sohu. com/a/289575549_ 114988.

② 施能自，吴芙蓉．新一轮国企改革的思考与操作实务［M］．北京：中国经济业版社，2017.

续 表

中央/地方	国有资本投资公司	国有资本运营公司
山东省	山东省国有资产投资控股公司	
山东省	山东鲁信投资控股集团有限公司	
山东省	兖矿集团有限公司	
山东省	山东能源集团有限公司	
山东省	华鲁控股集团有限公司	
山东省	山东黄金集团有限公司	
山东省	山东高速集团有限公司	
山西省	山西焦煤集团有限公司	
辽宁省	辽宁省国有资产经营有限公司	
广东省	广东粤海控股集团有限公司	广东恒建投资控股有限公司
福建省	—	厦门市政集团有限公司
云南省	云南省建设投资控股集团有限公司	—
海南省	海南发展控股有限公司	海南省农垦投资控股集团有限公司
上海市	上海国际集团有限公司	—
	上海国盛（集团）有限公司	—
江苏省	江苏省国信资产管理集团有限公司	—
浙江省	—	浙江省国有资本运营有限公司
安徽省	安徽省投资集团控股公司	
湖北省	湖北省宏泰国有资本投资运营集团有限公司	
江西省	江西省投资集团有限公司	
重庆市	重庆化医控股（集团）公司	重庆渝富资产经营管理集团有限公司
		重庆市水务资产经营有限公司
	重庆机电控股（集团）公司	重庆市地产集团

续 表

中央/地方	国有资本投资公司	国有资本运营公司
四川省	四川省投资集团有限责任公司	四川发展（控股）有限责任公司
	四川省能源投资集团有限责任公司	
宁夏回族自治区	—	宁夏国有资产投资控股集团有限公司

第三讲　试点改革取得重要成就

改组组建国有资本投资、运营公司是新一轮国资国企管理体制改革的客观要求、重点内容和创新探索。

一、试点改革取得阶段性成果

2016 年以来，国务院国资委进一步扩大央企试点范围。总体来看，国有资本投资、运营公司试点改革已经取得阶段性成果。

据国资委披露的数据显示，试点改革充分激发了央企和地方国有企业的内在活力。10 家试点央企 2016 年实现利润总额 2450 亿元，较上年增加 765 亿元，同比增加 45%，远远超过央企平均水平。

二、国有资本投资、运营公司运营模式进一步明确

2017 年，各级国资委加快推进改组组建国有资本投资、运营公司，各类央企试点企业探索新体制、新机制、新模式，功能定位、运营模式进一步得到明确。一些地方和企业先行先试，将“路线图”变成“施工图”，各项改革措施取得实质性进展，在组织调整、战略管控、业务发展、分类授权等重要方面形成了一些可复制、可推广的经验和做法。

在重塑发展战略方面，各试点企业注重方案先行、战略先行，以方案和战略引领试点改革有序推进。

——中粮集团聚焦于粮、油、糖、棉核心主业，以核心产品为主线整合组建多个专业化公司，成为执行国家粮食安全战略的主力，在全球粮油

市场低迷的局面下，2016 年实现利润总额 61.5 亿元，同比增长 79%。

——五矿定位为世界一流的金属矿产企业集团。

——中交集团定位为全球知名工程承包商、城市综合开发运营商、特色房地产商、基础设施综合投资商、海洋重工与港机装备制造集成商。

投资公司试点企业集团总部专注于战略管控，将产业运营交给下属企业，推动央企业务板块资源整合和国有资本配置效率提高。

在调整业务结构方面，试点企业推进相关产业和业务重组整合，推动国有资本有进有退，提高国有资本配置效率。

——国投退出了航运和煤炭板块。

——中粮集团关闭了君顶酒庄、木材等多个亏损企业，清算低效无效资产。

——招商局集团采取清算或转让方式基本退出燃气领域，推动公路板块资源整合。

在优化管控模式方面，试点企业以管资本为主，改造组织架构、调整管控模式，重点强化资本运作和资源配置能力。

——国投打造“小总部、大产业”，强化集团投资能力和资源配置能力，推动资本权力上移、产业经营责任下沉，总部加强战略性、财务性管控，对二级公司充分放权、授权，将投资、部分产权管理、人力资源管理、薪酬激励、部分融资管理等 70 多个重大事项或部分出资人权利归位于二级公司董事会行使；调整总部组织架构，职能部门由 14 个减为 9 个。

——中粮集团推进瘦身健体，职能部门从 13 个压缩到了 7 个，人员从 610 人调整到 240 人以内①。

三、经过试点摸索，各类央企功能定位逐渐清晰

未来，央企将主要分为三类，即实体产业集团、国有资本投资公司和

① 中国投资咨询网．改组组建国有资本投资、运营公司管资本进入实操阶段［EB/OL］．(2017－06－08)［2017－10－20］．http：//www.ocn.com.cn/hongguan/201706/osipd08153319.shtml.

国有资本运营公司，如图 1－1 所示。

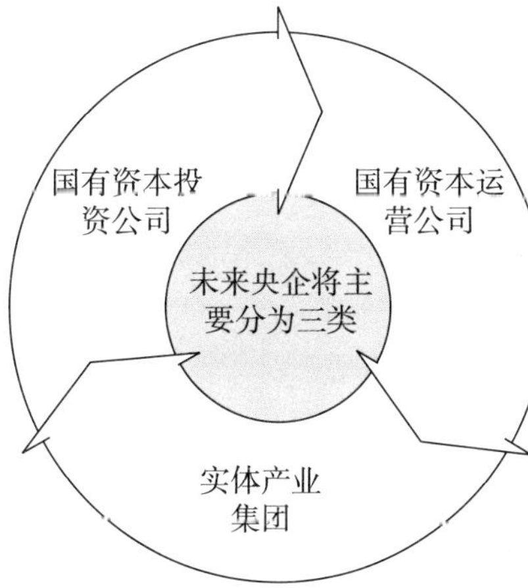

图 1－1　未来央企分类

在功能定位方面，国有资本投资公司侧重于重要行业和关键领域，推动产业集聚和转型升级，优化国有资本布局结构。国有资本投资公司肩负产业使命，未来可能产生若干资产为千亿元级别的产业集团、全球 500 强企业，谋求产业做强做大。

国有资本运营公司更侧重于提升商业类企业的国有资本运营效率，促进国有资本合理流动。国有资本运营公司无产业使命，关键是通过市场运营实现国有资本的保值增值。在资本运营中，也会培育新兴产业，但培育成熟后有可能出售或转给相关的国有资本投资公司。

与此同时，央企还将继续保留相当数量的实体产业集团，做强实业、做优产业，参与国际竞争①。

① 人民日报．国资委功能定位日渐清晰 未来央企将分为三类［EB/OL］.（2017－06－20）［2017－08－20］. http：//www.sasac.gov.cn/n2588025/n2588119/c4614898/content.html.

第四讲　混改将成为突破口，管资本进入实操阶段

一、混改进入突破阶段

混合所有制改革（简称混改）是国企改革极大的热点之一。2016 年中华人民共和国国家发展和改革委员会（简称发改委）、国务院国有资产监督管理委员会（简称国资委）将中国东方航空股份有限公司（简称东航集团）、中国联通、中国南方电网有限责任公司（简称南方电网）、哈尔滨电气集团有限公司（简称哈电集团）、中国核建股份有限公司（简称中国核建）、中国船舶工业集团有限公司（简称中国船舶）等中央企业列为第一批混改试点。2017 年 11 月，国务院国企改革领导小组审议通过了第三批混改试点名单，31 家国有企业被纳入第三批试点范围，其中既有中央企业，也有地方国有企业。中国联通混改方案的提出，成为混改进入突破阶段的象征性事件。中国联通混改的三大突破如图 1－2 所示。

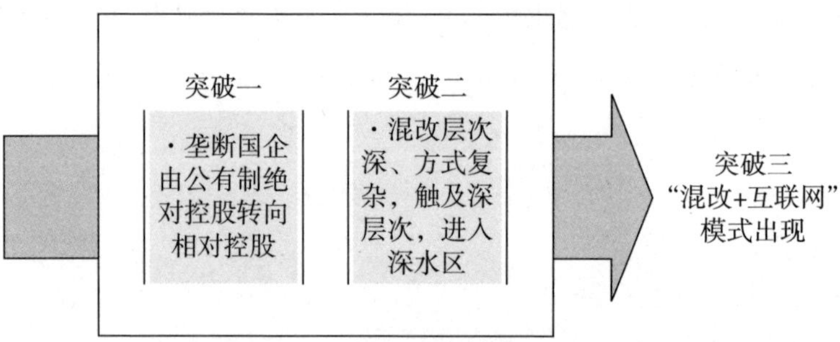

图 1－2　中国联通混改的三大突破

一是垄断国企由公有制绝对控股转向相对控股，让出30%以上的股份，实现国有企业由国有产权的独家治理走向国有产权与非国有产权的共同治理。

二是混改层次深、方式复杂，战略投资加财务投资，外部投资加内部控股，国企改革与扭亏转盈转型升级结合，触及深层次矛盾的改革，是蹚深水的典型。

三是"混改＋互联网"模式出现。互联网民企的战略投资大规模加入，实现了业务结构上互补、重组整合，有利于国企业态向产业链条中高端发展[①]。

二、管资本进入实操阶段[②]

2017年5月，国务院办公厅转发《国务院国资委以管资本为主推进职能转变方案》（国办发〔2017〕38号），对国有资产监管方式和国资委职能转变做出了系统安排，明确了国资委作为出资人的监管权力和责任清单，强调在组织实施过程中，要分类放权、分步实施，确保"放得下、接得住、管得好"。

这标志着国资改革引领国企改革，国资委的职能以管资本为主由规划阶段进入了实际操作阶段，顶层设计将加快落地。

从各地的改革探索来看，组建国有资本投资、运营公司时，主要遇到了两类问题：一是国有资本投资、运营公司的定位难以确定；二是运营方式与监管模式尚未成熟、定型，还需要长期探索。

国有资本投资、运营公司要成为"放得下、接得住、管得好"的主体，就必须划清国有资本融入市场的管理层级和各层级的管理界限，真正

① 李锦．联通混改的历史价值与改革标杆意义［J］．现代国企研究，2017（19）．

② 搜狐．国企改革今年将正式进入实操阶段［EB/OL］．(2016－03－15)［2017－08－20］．http：//www. sohu. com/a/63571371_ 189327.

实现政企分开，以产权管理为纽带，突出国有资本运营，最终实现国资委从“管资产”向“管资本”的转变。

此外，还应按照“一企一策”的原则，明确国有资本投资公司的授权内容、范围和方式，拓展授权内容，加强授权力度；改进国有资产监管方式和手段，推进依法监管，着力创新监管方式和手段。防止出现行政化、叠床架屋，增加管理链条；防止简单翻牌；防止资本投资、运营公司被虚化等问题。充分发挥国有资本投资、运营公司的平台作用，促进国有资本合理流动、提质增效。

2018 年 8 月，国务院国资委下发《国企改革“双百行动”工作方案》，“双百行动”入选企业名单被全部确定，近 400 家企业入围，其中，央企有近 200 家，地方国企有 200 多家。“双百行动”由点向面全面铺开，改革试点进一步扩大范围，并向纵深发展，更多地方国企加入试点行列，资本市场投资运作将迎来高潮。

综上所述，国有企业改革正处于攻坚阶段，虽然取得了实质性进展，但仍面临许多深层次的矛盾和问题，深化国有企业改革依然任重道远。

第五讲 “双百行动”纵深推进，成为国企改革新风向标

2015 年中共中央、国务院颁布《中共中央、国务院关于深化国有企业改革的指导意见》，并相继出台一系列政策，国家发改委明确了三批改革试点单位，开展了包括国有资本投资运营公司、部分重要领域混改等在内的“十项改革试点”，探索重点、难点问题的解决路径。

以“1 + N”政策体系为主的顶层设计基本完成，以“十项改革试点”为主的一批重大改革举措稳步推进，国有企业深化供给侧结构性改革取得积极进展，国有企业党的建设全面加强。但国有企业改革仍然存在很多问题。

党的十九大对国有企业改革发展做出新的决策部署、提出新的目标要求。

“双百行动”纵深推进，就是要以习近平新时代中国特色社会主义思想为指引，以“1 + N”政策体系为指导，以前期各个单项试点成果为支撑，全面拓展和应用改革政策和试点经验，形成从“1 + N”顶层设计到“十项改革试点”再到“双百行动”梯次展开、纵深推进、全面落地的国企改革新局面。

“双百行动”是国务院推进的国企改革措施，充分考虑不同企业的功能定位、行业特点、发展阶段、竞争程度等实际情况，坚持“一企一策”原则，有针对性地制订综合改革方案，对推进国资国企改革具有重要现实意义

一是通过开展“双百行动”，要让那些不想改、不敢改、不会改的基层国有企业，能够看到身边这些“双百企业”的改革成效和改革红利，学习对标“双百企业”的改革经验和改革举措，主动加大本企业内部的改革力度，进而形成以点带面、星火燎原之势，将全国国有企业改革向纵深推进。

二是通过开展“双百行动”，要让原来“不想改”的企业主动作为、投身于改革中，让原来“不敢改”的企业卸下包袱、迎难而上，让原来“不会改”的企业对标先进、学习借鉴，彻底打破“抱残守缺”思维，彻底解决“沉痼疾”。

被列入“双百行动”名单的企业有三个特点：第一，上市公司，试点内容主要集中在混改、员工持股等方面；第二，此前做得较好的试点企业，如“十项改革试点”等企业也进入了“双百行动”名单，从此前单项试点转向“一企一策”综合改革试点；第三，经营困难企业，试点内容集中在如何摆脱困境、解决历史遗留问题等方面。综上所述，“双百行动”纵深推进，已成为本轮国企改革的风向标。

方法论篇

第六讲　国资投资、运营公司如何进行功能定位

2018 年 7 月 30 日，国务院发布《国务院关于推进国有资本投资、运营公司改革试点的实施意见》（国发〔2018〕23 号），对国有资本投资、运营公司功能定位阐述如下：

（一）功能定位。

国有资本投资、运营公司均为在国家授权范围内履行国有资本出资人职责的国有独资公司，是国有资本市场化运作的专业平台。公司以资本为纽带、以产权为基础依法自主开展国有资本运作，不从事具体生产经营活动。国有资本投资、运营公司对所持股企业行使股东职责，维护股东合法权益，以出资额为限承担有限责任，按照责权对应原则切实承担优化国有资本布局、提升国有资本运营效率、实现国有资产保值增值等责任。

国有资本投资公司主要以服务国家战略、优化国有资本布局、提升产业竞争力为目标，在关系国家安全、国民经济命脉的重要行业和关键领域，按照政府确定的国有资本布局和结构优化要求，以对战略性核心业务控股为主，通过开展投资融资、产业培育和资本运作等，发挥投资引导和结构调整作用，推动产业集聚、化解过剩产能和转型升级，培育核心竞争力和创新能力，积极参与国际竞争，着力提升国有资本控制力、影响力。

国有资本运营公司主要以提升国有资本运营效率、提高国有资本

> 回报为目标，以财务性持股为主，通过股权运作、基金投资、培育孵化、价值管理、有序进退等方式，盘活国有资产存量，引导和带动社会资本共同发展，实现国有资本合理流动和保值增值。

此前，《国务院关于改革和完善国有资产管理体制的若干意见》（国发〔2015〕63号）规定：

> （八）明确国有资产监管机构与国有资本投资、运营公司关系。政府授权国有资产监管机构依法对国有资本投资、运营公司履行出资人职责。国有资产监管机构按照“一企一策”原则，明确对国有资本投资、运营公司授权的内容、范围和方式，依法落实国有资本投资、运营公司董事会职权。国有资本投资、运营公司对授权范围内的国有资本履行出资人职责，作为国有资本市场化运作的专业平台，依法自主开展国有资本运作，对所出资企业行使股东职责，维护股东合法权益，按照责权对应原则切实承担起国有资产保值增值责任。
>
> （九）界定国有资本投资、运营公司与所出资企业关系。国有资本投资、运营公司依据公司法等相关法律法规，对所出资企业依法行使股东权利，以出资额为限承担有限责任。以财务性持股为主，建立财务管控模式，重点关注国有资本流动和增值状况；或以对战略性核心业务控股为主，建立以战略目标和财务效益为主的管控模式，重点关注所出资企业执行公司战略和资本回报状况。

根据国发〔2018〕23号文件：国有资本投资、运营公司均为在国家授权范围内履行国有资本出资人职责的国有独资公司，是国有资本市场化运作的专业平台。公司以资本为纽带、以产权为基础依法自主开展国有资本运作。

此前，国发〔2015〕63号文件也清楚地阐明了国有资本投资、运营公司的职能定位：作为国有资本市场化运作的专业平台，依法自主开展国有资本运作，对所出资企业行使股东职责，维护股东合法权益，按照责权对应原则切实承担起国有资产保值增值责任。

国有资本投资公司与国有资本运营公司的区别如表 2－1 所示。

表 2－1　国有资本投资公司与国有资本运营公司的区别

区别	国有资本投资公司	国有资本运营公司
运营对象	• 以产业资本投资为主，主要投资实业，以投资融资和项目建设为主	• 以资本运营为主，运营对象是持有的国有资本（股本），包括国有企业产权和公司制企业中的国有股权
经营方式	• 国有资本投资公司通过产业资本与金融资本的融合，提高国有资本的流动性，开展资本运作，进行企业重组、兼并与收购等 • 通过投资企业拥有股权，对持有资产进行经营和管理	• 国有资本运营公司是纯粹的控股企业，不从事具体的产品经营，主要开展股权运营，行使股权管理权利 • 兼并或分立，成立合资公司、进行公司制改建、培育上市公司、进行产权转让置换等
功能定位	• 侧重于市场失灵/残缺的纠正和弥补 • 国有资本投资公司为实现政策性目标进行产业类投资，通过资本投资而保持国有经济的控制力和影响力	• 侧重于发挥市场机制的作用 • 推动国有资本合理流动，避免重复建设、恶性竞争，提高资源配置效率，促进企业发展壮大

第七讲　国资投资、运营公司如何组建

依据《国务院关于推进国有资本投资、运营公司改革试点的实施意见》（国发〔2018〕23号），国有资本投资、运营公司将按照以下方式组建：

（二）组建方式。

按照国家确定的目标任务和布局领域，国有资本投资、运营公司可采取改组和新设两种方式设立。根据国有资本投资、运营公司的具体定位和发展需要，通过无偿划转或市场化方式重组整合相关国有资本。

划入国有资本投资、运营公司的资产，为现有企业整体股权（资产）或部分股权。股权划入后，按现行政策加快剥离国有企业办社会职能和解决历史遗留问题，采取市场化方式处置不良资产和业务等。股权划入涉及上市公司的，应符合证券监管相关规定。

根据《国务院关于改革和完善国有资产管理体制的若干意见》（国发〔2015〕63号）可知，两型公司主要由大型央企或地方国有企业集团母公司改组组建而成。

综上所述，组建国有资本投资、运营公司主要有以下三类方式：

一是新设。通常在国资委的协调组织下，通过新设立一些国资公司，将分散的占用国有资本的实体企业合并为新公司，以管资本为主推进经营性国有资产集中统一监管。

二是对大型企业集团的母公司实施改组。由国资委直接授权大型或重点央企集团的母公司负责国有资本的投资运营，或将母公司的生产经营职能剥离出去，使其成为纯粹的资本运营公司。如中粮集团改组为国有资本投资公司，原来的基础不变，这是一种摩擦最小、交易成本最低的方式。

三是混改。大型央企、省（市）属国有企业通过引入战略投资者、股权多元化等混改方式变成国有资本投资、运营公司等。如中国联通作为首批央企混改试点企业，非公开发行不超过90.37亿股股份，引入战略投资者合计持有公司股权约35.19%，形成混合所有制多元化股权结构。

截至2017年12月，我国已经确定3批共50家混改试点企业，前两批总计19家央企试点企业基本完成了引入投资者、设立新公司、重构公司治理结构、建立内部激励机制等工作。第三批31家混改试点企业中，央企子企业10家，地方国有企业21家。央企中已开展混改的企业户数占比达68.9%，3组7家央企成功实施重组，国资委监管的央企户数减至97家。

2016年以来，央企之间重组整合实现大跨步式发展。例如，中国五矿和中国冶金科工集团有限公司（简称中冶集团）重组、宝钢武钢合并、中航保利地产业务重组、中国国旅集团有限公司整体并入中国港中旅集团公司、中国中纺集团有限公司（简称中纺集团）整体并入中粮集团等。

2016年7月，《国务院办公厅关于推动中央企业结构调整与重组的指导意见》中提出：央企重组整合主要有四种方式，即央企强强联合、央企间专业化整合、央企内部资源整合以及央企并购重组。具体如图2－1所示。

“央企强强联合”主要是指业务相同或相似的央企合并同类项，避免恶性竞争，通过产业链上下游央企的重组，打造全产业链竞争优势，最大限度地发挥规模经济与协同互补效应。如中纺集团并入中粮集团、中国国旅集团有限公司整体并入中国港中旅集团公司等。

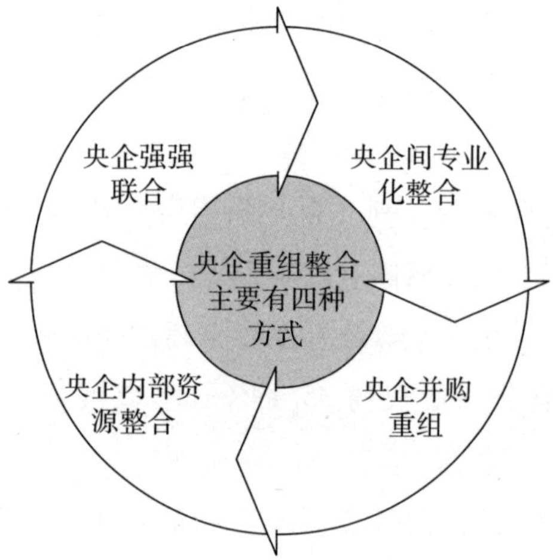

图 2－1　央企重组整合的四种方式

“央企间专业化整合”是行业内的横向整合。在国家产业政策和行业发展规划的指导下，央企之间通过资产重组、股权合作、资产置换、无偿划转、战略联盟、联合开发等方式，将资源向优势企业和主业企业集中，提高央企核心竞争力，如中国南车股份有限公司（简称中国南车）和中国北车股份有限公司（简称中国北车）合并为中国中车股份有限公司（简称中国中车）。

“央企内部资源整合”是指央企依托资本市场，通过培育注资、业务重组、吸收合并等方式，利用普通股、优先股、定向发行可转换债券等工具，推进专业化整合，增强持续发展能力。目的在于梳理旗下业务线，更好地利用资源，避免同业竞争。

“央企并购重组”是指央企围绕发展战略，以获取关键技术、核心资源、知名品牌、市场渠道等为重点，积极开展并购重组，提高产业集中度，推动质量品牌提升，多采用股权转让、资产剥离、资产置换等方式进行。

第八讲　国资投资、运营公司由谁来授权

《国务院关于推进国有资本投资、运营公司改革试点的实施意见》（国发〔2018〕23号）明确提出：

> 按照国有资产监管机构授予出资人职责和政府直接授予出资人职责两种模式开展国有资本投资、运营公司试点。
>
> （1）国有资产监管机构授权模式。政府授权国有资产监管机构依法对国有资本投资、运营公司履行出资人职责；国有资产监管机构根据国有资本投资、运营公司具体定位和实际情况，按照“一企一策”原则，授权国有资本投资、运营公司履行出资人职责，制定监管清单和责任清单，明确对国有资本投资、运营公司的监管内容和方式，依法落实国有资本投资、运营公司董事会职权。国有资本投资、运营公司对授权范围内的国有资本履行出资人职责。国有资产监管机构负责对国有资本投资、运营公司进行考核和评价，并定期向本级人民政府报告，重点说明所监管国有资本投资、运营公司贯彻国家战略目标、国有资产保值增值等情况。
>
> （2）政府直接授权模式。政府直接授权国有资本投资、运营公司对授权范围内的国有资本履行出资人职责。国有资本投资、运营公司根据授权自主开展国有资本运作，贯彻落实国家战略和政策目标，定期向政府报告年度工作情况，重大事项及时报告。政府直接对国有资本投资、运营公司进行考核和评价等。

对于两类公司来说，有以下两方面问题需要高度关注：

一是投资公司与平台公司的定位问题。虽然文件对两类公司有清晰界定，但在实践中，难以禁止两类公司彼此越界运行。

二是授权边界的问题。授权太少，不利于充分激发国有资本投资、运营公司的积极性；授权过多，则可能导致监管不够，甚至可能导致企业管理层为所欲为，不利于保障国有资产安全。

第九讲　国资投资、运营公司被授予哪些权利

按照“一企一策”和“分层分类”原则，明确对国有资本投资、运营公司授权。

国有资本投资、运营公司的功能定位不同，因此国有资本投资、运营公司在战略制订、资本运作模式、人员选用机制、经营业绩考核等方面有所区别，应按照“一企一策”的原则，明确国有资本投资、运营公司的授权内容和范围。

分层是指国资委或政府对国有资本投资、运营公司行使出资人权利，将国资委或政府对国有企业的出资人权利授予国有资本投资、运营公司行使，由国有资本投资、运营公司对所出资企业行使出资人权利、履行出资人职责。分类是指根据国有企业类型的不同，授予国有资本投资、运营公司行使的出资人权利范围有所区别。

“1 + N”政策文件规定，将包括国有产权流转等决策事项的审批权、经营班子业绩考核和薪酬管理权等授予国有资本投资、运营公司，相关管理要求和运行规则通过公司组建方案和公司章程予以明确。

1. 经营班子业绩考核和薪酬管理权

（1）经理层的市场化选聘。

（2）根据国家有关规定和国资委考核导向，对经理层实施个性化考核。

（3）对市场化选聘的职业经理人实施市场化薪酬分配机制。

（4）采取多种方式探索完善中长期激励机制。

（5）工资总额实行备案制。

（6）自主决定职工工资分配方案。

2. 批准公司发展规划的权利

（1）不再干预企业的战略和投资计划，企业可自主决定五年发展规划和年度投资计划。

（2）公司及子企业重大资产处置事项。

（3）（国有资本投资公司）董事会还可确定 1 ~ 3 个新业务领域，经国资委备案后在投资管理上视同主业对待。

3. 国有产权流转等决策事项的审批权

（1）公司内部企业之间的产权无偿转让。

（2）通过产权市场转让国有产权。

（3）在法律法规和国有资产监管规章规定的比例或数量范围内，增减持上市公司股份事项。

（4）不涉及控股权变动的情况下，上市公司股份的协议受让等。

具体授权清单以国有资产监管部门或政府所授予的为准。

2017 年 4 月，国务院国资委颁布《国务院国资委以管资本为主推进职能转变方案》，全面梳理并优化调整具体监管职能，相应调整内设机构，明确取消、下放、授权的监管事项（共 43 项），制定出资人监管责任清单，如表 2 -2至表 2 -4 所示。

表 2 -2　取消事项（共 26 项）

序号	事项内容
1	直接规范上市公司国有股东行为
2	指导中央企业评估机构选聘
3	中央企业境外产权管理状况检查

续　表

序号	事项内容
4	审批中央企业子企业分红权激励方案
5	审批中央企业年金方案
6	审批中央企业重组改制中离退休和内退人员相关费用预提方案
7	审批中央企业住房补贴整体方案和负责人异地调动住房补贴方案
8	对中央企业账销案存的事前备案
9	与借款费用、股份支付、应付债券等12个会计事项相关的会计政策和会计估计变更事前备案
10	指导中央企业内部资源整合与合作
11	联合开展全国企业管理现代化创新成果评审和推广
12	指导地方国有企业重组改制上市管理
13	指导中央企业所属科研院所等事业单位改制
14	审批中央企业职工监事选举结果
15	指导中央企业内设监事会工作
16	中央企业职工董事履职管理
17	组织中国技能大赛、中央企业职工技能比赛
18	批复中央企业工会组织成立和工会主席选举有关事项
19	评比表彰中央企业企业文化示范单位
20	指导地方国资委新闻宣传工作
21	直接开展中央企业高级政工师任职资格评定
22	要求中介机构提供对中央企业国有资本经营决算的审计报告
23	指导和监督中央企业开展全员业绩考核工作
24	中央企业信息工作评价
25	中央企业信息化水平评价
26	指导中央企业档案工作

表 2－3　下放事项（共 9 项）

序号	事项内容
1	审批地方国资委监管企业的上市公司国有股权管理事项
2	审批中央企业所持有非上市股份有限公司的国有股权管理方案和股权变动事项（主业涉及国家安全和国民经济命脉的重要行业和关键领域、主要承担重大专项任务的子企业除外）
3	审批中央企业子企业股权激励方案
4	审批国有股东通过证券交易系统转让一定比例或数量范围内所持有上市公司股份事项
5	审批本企业集团内部的国有股东所持有上市公司股份的无偿划转、非公开协议转让事项
6	审批未导致国有控股股东持股比例低于合理持股比例的公开征集转让、国有股东发行可交换公司债券及所控股上市公司发行证券事项
7	审批国有参股股东所持有上市公司国有股权公开征集转让、发行可交换公司债券事项
8	审批未导致上市公司控股权转移的国有股东通过证券交易系统增持、协议受让、认购上市公司发行股票等事项
9	审批未触及证监会规定的重大资产重组标准的国有股东与所控股上市公司进行资产重组事项

下放事项中，第 1 项下放给地方国资委，第 2、第 3 项下放给中央企业，第 4～第 9 项下放给国家出资企业。

表 2－4　授权事项（共 8 项）

序号	事项内容
1	制订中央企业五年发展战略规划和年度投资计划
2	经理层成员选聘
3	经理层成员业绩考核
4	经理层成员薪酬管理

续 表

序号	事项内容
5	职工工资总额审批
6	中央企业子企业以非公开协议方式增资及相应的资产评估
7	国有参股企业与非国有控股上市公司重组
8	大额预算外捐赠、重大担保管理和债务风险管控

授权事项将根据企业实际情况，授予落实董事会职权试点企业，国有资本投资、运营公司试点企业。

表 2 –2 至表 2 –4 适用于国务院国资委监管范围内的中央企业。

2016 年 7 月，中粮集团、中纺集团启动改革战略重组，中纺集团整体并入中粮集团，成为中粮集团全资子公司。

为推进中粮集团国有资本投资公司试点工作，国务院国资委对中粮集团董事会进行了 18 项授权，涉及资产配置、薪酬分配、市场化用人等多方面。

在资产处置权方面，国资委的授权包括以下内容：

——公司内部企业之间的产权无偿划转；

——通过产权市场转让国有产权、子企业增资、公司及子企业重大资产处置事项；

——在法律法规和国资监管规章规定的比例或数量范围内，增减持上市公司股份事项；

——不涉及控股权变动的情况下，上市公司股份的协议受让等。

在经理层的市场化选聘、考核和薪酬分配方面，中粮集团被授予了更加充分的自主权。

——可以根据国家有关规定和国资考核导向，对经理层实施个性化考核；

——对市场化选聘的职业经理人实施市场化薪酬分配机制，可采取多种方式探索完善中长期激励机制；

——自主决定职工工资分配，工资总额实行备案制等。

中长期发展战略和规划由中粮集团研究决定后报国资委备案。董事会可确定1～3个新业务领域，经国资委备案后在投资管理上视同主业对待。

授权后，国资委将对中粮集团的管理由审批改为备案，国资委将不再干预企业的战略和投资计划，中粮集团可自主决定五年发展规划和年度投资计划。

国企改革试点将所有权和经营权分离进入实施阶段，利于企业走向市场，成为独立的市场主体。

第十讲　国资投资、运营公司的治理结构

《国务院关于推进国有资本投资、运营公司改革试点的实施意见》（国发〔2018〕23号）指出：

> 国有资本投资、运营公司不设股东会，由政府或国有资产监管机构行使股东会职权，政府或国有资产监管机构可以授权国有资本投资、运营公司董事会行使股东会部分职权。

按照中国特色现代国有企业制度的要求，国有资本投资、运营公司设立党组织、董事会、经理层，规范公司治理结构，建立健全权责对等、运转协调、有效制衡的决策执行监督机制，充分发挥党组织的领导作用、董事会的决策作用、经理层的经营管理作用。

> 党组织。把加强党的领导和完善公司治理统一起来，充分发挥党组织把方向、管大局、保落实的作用。坚持党管干部原则与董事会依法产生、董事会依法选择经营管理者、经营管理者依法行使用人权相结合。按照"双向进入、交叉任职"的原则，符合条件的党组织领导班子成员可以通过法定程序进入董事会、经理层，董事会、经理层成员中符合条件的党员可以依照有关规定和程序进入党组织领导班子。党组织书记、董事长一般由同一人担任。对于重大经营管理事项，党组织研究讨论是董事会、经理层决策的前置程序。国务院直接授权的国有资本投资、运营公司，应当设立党组。纪检监察机关向国有资本

投资、运营公司派驻纪检监察机构。

董事会。国有资本投资、运营公司设立董事会，根据授权，负责公司发展战略和对外投资，经理层选聘、业绩考核、薪酬管理，向所持股企业派出董事等事项。董事会成员原则上不少于9人，由执行董事、外部董事、职工董事组成。保障国有资本投资、运营公司按市场化方式选择外部董事等权利，外部董事应在董事会中占多数，职工董事由职工代表大会选举产生。董事会设董事长1名，可设副董事长。董事会下设战略与投资委员会、提名委员会、薪酬与考核委员会、审计委员会、风险控制委员会等专门委员会。专门委员会在董事会授权范围内开展相关工作，协助董事会履行职责。

国有资产监管机构授权的国有资本投资、运营公司的执行董事、外部董事由国有资产监管机构委派。其中，外部董事由国有资产监管机构根据国有资本投资、运营公司董事会结构需求，从专职外部董事中选择合适人员担任。董事长、副董事长由国有资产监管机构从董事会成员中指定。

政府直接授权的国有资本投资、运营公司执行董事、外部董事（股权董事）由国务院或地方人民政府委派，董事长、副董事长由国务院或地方人民政府从董事会成员中指定。其中，依据国有资本投资、运营公司职能定位，外部董事主要由政府综合管理部门和相关行业主管部门提名，选择专业人士担任，由政府委派。外部董事可兼任董事会下属专门委员会主席，按照公司治理结构的议事规则对国有资本投资、运营公司的重大事项发表相关领域专业意见。

政府或国有资产监管机构委派外部董事要注重拓宽外部董事来源，人员选择要符合国有资本投资、运营公司定位和专业要求，建立外部董事评价机制，确保充分发挥外部董事作用。

经理层。国有资本投资、运营公司的经理层根据董事会授权负责国有资本日常投资运营。董事长与总经理原则上不得由同一人担任。

国有资产监管机构授权的国有资本投资、运营公司党组织隶属中央、地方党委或国有资产监管机构党组织管理，领导班子及其成员的管理，以改组的企业集团为基础，根据具体情况区别对待。其中，由中管企业改组组建的国有资本投资、运营公司，领导班子及其成员由中央管理；由非中管的中央企业改组组建或新设的国有资本投资、运营公司，领导班子及其成员的管理按照干部管理权限确定。

政府直接授权的国有资本投资、运营公司党组织隶属中央或地方党委管理，领导班子及其成员由中央或地方党委管理。

国有资本投资、运营公司董事长、董事（外部董事除外）、高级经理人员，原则上不得在其他有限责任公司、股份有限公司或者其他经济组织兼职。

第十一讲　管控模式如何选

国有资本投资、运营公司对所持股企业，如何选管控模式？

一是国有资本投资、运营公司对所持股企业以股权管理为主。

积极推动所持股企业建立规范、完善的法人治理结构，并通过股东大会表决、委派董事和监事等方式行使股东权利，形成以资本为纽带的投资与被投资关系，协调和引导所持股企业发展，实现有关战略意图。国有资本投资、运营公司委派的董事、监事要依法履职行权，对企业负有忠实义务和勤勉义务，切实维护股东权益，不干预所持股企业日常经营。

二是按照“小总部、强产业”的原则，构建管控模式。

重新梳理、清晰界定总部、子公司的权责界限，建立精干、规范、高效的组织架构和决策体系。总部是资本配置和资本运作中心，以战略管控、财务管控为主，主要通过公司治理机制，对所出资企业履行出资人职责，行使股东权利；确定投资企业的战略规划，通过预算、决算等财务手段，对战略推进和资本运营效果进行管控，依法建立健全监督与追责并重的监督评价体系，完善考核评价、审计、监察、巡视等监督职能，全面落实国有资本经营责任。

仁达方略认为，国有资本投资、运营公司对所持股企业如何选择管控模式，主要考虑的因素包括：集分权、集团领导的管理要求、多种经营化程度、业务的国际化程度、领导风格、经营业务重点、日常生产经营管理事务比重等。其中，对管控模式选择影响最大的因素是集分权方式。

选择管控模式需要回答三个问题，如表 2－5 所示。

表 2－5　选择管控模式需要回答的三个问题

问　题	含　义
需不需要	从集团总部对下属企业的战略要求来看，集团总部需不需要对下属企业进行集权管理
能不能够	从集团总部掌控的资源来看，集团总部有没有能力对下属企业进行集权管理
应不应该	从下属企业自身发展阶段来看，集团总部应不应该对下属企业进行集权管理

通过对以下 3 个关键指标的评估，可以最终确定国有资本投资、运营公司集团总部与所持股下属企业之间的集分权关系：战略地位、资源相关度和发展阶段。

管理模式的确定如图 2－2 所示。

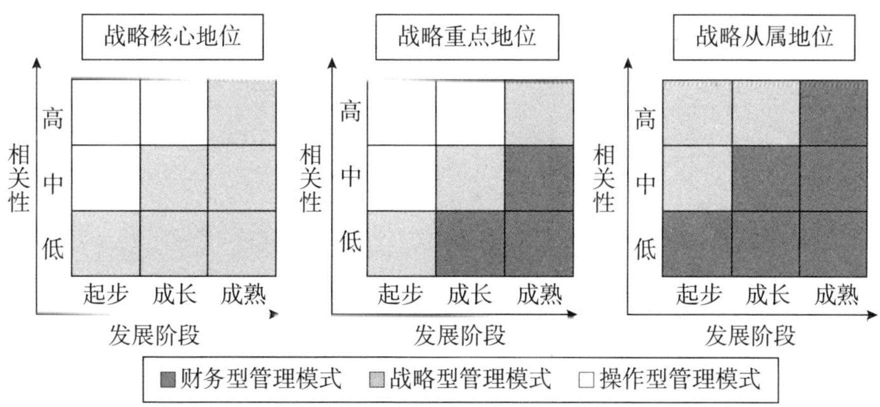

图 2－2　管理模式

资料来源：仁达方略数据库。

由此可见，国有资本投资、运营公司集团的战略地位、资源相关性和发展阶段不同，其对所持股下属企业采取的管控模式也是不同的。

总之，国有资本投资、运营公司对所持股企业的管控，并不存在“标准”或“万能”的模式，也没有“最佳”的模式，只有“最适合自己”的模式，而且还必须随外界因素的变化而不断调整。

第十二讲 国资投资、运营公司如何运行

随着国资国企的深化改革、现代企业制度的改造，国有资本投资、运营公司运行与治理取得了较大进步。但国有资本投资、运营公司运行和治理机制仍存在很多缺陷，严重制约了国资投资、运营公司的经营与发展。

一、国有资本投资、运营公司运行与治理的突出问题

（一）政府行政干预多，董事会决策效率不高

根据《中华人民共和国公司法》规定，国有公司不设置股东会，而由董事会来行使相应职权。实际上，董事会就是国有资本投资、运营公司决策运营的最高权力机构。

在实际操作过程中，一些地方国资监管部门代表政府授权或放权不到位，对很多事项进行了过多干预，甚至代替董事会决策，导致国有资本投资、运营公司董事会决策的独立性受到很大约束，董事会独立经营决策的效率降低，发挥作用的能力受限。

此外，国有资本投资、运营公司董事会的身份与地位比较特殊，董事会成员大多不是国有资产真正的占有者，除了具有董事会成员身份外，还是公务员，因此参与决策的热情不高，并不关心企业利益，所以决策效率低下。

（二）国资委监管模式有待完善

一些地方国资监管部门对国有资本投资、运营公司的运营决策干预

过多、监管力度不够，监管机制不合理，缺乏对经营层高管的激励约束，对内部人员的控制较弱。这些问题严重制约了国有资本投资、运营公司的规范运行。

（三）缺乏有效的经理人制度及激励约束机制

一些地方国有资本投资、运营公司试点企业，经理人薪酬与业绩不成比例，缺乏有效的激励约束机制，导致经理人工作动力不足。

由此可见，国有资本投资、运营公司作为市场化的国有资本运营主体，公司治理对公司运营发展起着极为重要的作用。良好、合理的公司治理是企业运营发展的基础和必要条件，如果公司治理存在缺陷，那么国有资本投资、运营公司的运营就会变得很困难。

二、国有资本投资、运营公司规范化运行策略

首先，要完善国有资本投资、运营公司的市场化改造。

一是规范政府行为，转变国资监管职能，充分授权、放权给国有资本投资、运营公司董事会；二是推进混改、股权多元化试点探索。

对国有资本投资、运营公司来说，其运行与治理的基础在于现代公司制度的改造。应该以公司化改造为基础，提高国有资本投资、运营公司作为市场主体的竞争力，防止国有资产被不合理运用。进行公司化改造的同时，要注重对产权进行多元化改造，实行股东交叉持股的方式，弱化政府不适当干预。

其次，要完善国有资本投资、运营公司治理结构体系。

要明确董事会成员职责，建立完善激励制度、约束机制等。具体包括以下内容：

在组织架构方面，国有资本投资、运营公司要按照市场化、规范化、专业化的管理导向，建立职责清晰、精简高效、运行专业的管控模式，分别结合职能定位具体负责战略规划、制度建设、资源配置、资本运营、财

务监管、风险管控、绩效评价等事项。

在选人用人机制方面，国有资本投资、运营公司要建立派出董事、监事候选人员库，由董事会下设的提名委员会根据拟任职公司情况提出差额适任人选，报董事会审议、任命。

在考核机制方面，国有资本投资公司适合建立以战略目标和财务效益为主的管控模式，对所持股企业的考核侧重于执行公司战略和资本回报状况。国有资本运营公司则适合建立财务管控模式，对所持股企业的考核侧重于国有资本流动和保值增值状况。

2018 年以来，国有资本投资、运营公司平台试点扩容，资本化运作呈现一些新动向，如重组、资产注入、混改、债转股等，强化市场化运作成为主要的表现形式。

事实上，组建国有资本投资、运营公司的主要目的包括：调整产业结构；促进国有资本要素合理流动；改善国企内部治理。基于此，国有资本投资、运营公司市场化运作可以采取以下措施：

1. 基金化运作撬动社会资本、引导国企优化产业布局

国务院国资委统计数据显示，截至 2018 年 8 月，国有资本运营公司共发起设立 6 只基金，总规模近 9000 亿元，初步建立了成规模、成体系的基金体系，中央企业所属企业中，超过 2/3 的企业实现了国有资本和社会资本在产权层面的混合。例如，中国诚通国调基金主要投向包括国企结构调整、央企混改（如中国联通混改）、去杠杆（如中国中铁债转股）等领域。

2. 国资平台受让上市公司股权

有关数据显示，2018 年以来，国有资本受让上市公司股权案例增多，合计 28 件，其中国资平台是重要受让方之一，主要涵盖地产、电力等领域，集中在山西、北京、广东等地。

3. 参与国企改革 ETF，加快国有股权流转

国有资本投资、运营公司运行需要以资本市场创新为平台支撑。A 股指数和 ETF（交易型开放式指数基金）作为标准化的金融工具，在对接国企股权与资本市场、提高资源配置效率、放大国有资本功能等方面具有得天独厚的优势。

央企改革 ETF 是国有控股大型公募基金运作管理的基金产品，在证券交易所挂牌交易。国资投资、运营公司试点企业，非常适合以 ETF 作为资本市场与国企改革结合的切入口。2018 年 8 月，央企结构调整 ETF 发售，国资平台成为最大持有人，国资平台用其部分上市国企股权换购对应份额，目的是加快国有股权流转[①]。

① 戴康．国资投资、运营平台的三大市场化运作路径［EB/OL］.（2018－09－04）［2018－11－10］. https：//wallstreetcn. com/articles/3400782.

第十三讲　混合所有制改革怎么混

混合所有制改革是国企改革的重要突破口。混合所有制改革主要涉及电力、石油、天然气、铁路、民航、电信、军工等七大领域，一般性竞争领域适合采用民营化改革。混改的目标是形成有效制衡的公司法人治理结构、灵活高效的市场化经营机制。

近年来，仁达方略管理咨询实践中，涉及国有企业混合所有制改革的项目日益增多，混改项目的主要特点如下：

一是需要确保维护社会稳定、维护公共安全、保证国有资产保值增值等，需要慎重推进。

二是政策性较强，国家、地方均制定了相关规定，负责人员尤其是方案设计者，需要熟悉相关政策法律法规。

三是涉及资产处置、债务处置、土地处置、业务重组、职工安置等诸多内容，需要国资部门、行业主管部门、人力资源和社会保障部门、产权交易平台、标的企业、咨询单位等多方配合协调完成。

在混合所有制改革项目实操中，仁达方略遵循因企施策、因地制宜的原则，针对不同层级国企的情况，分别实施不同的混合所有制改革策略。

国有资本投资、运营公司不设股东会，由政府或国有资产监管机构行使股东会职权，或授权国有资本投资、运营公司董事会行使股东会部分职权。

在集团层面，国有资本投资、运营公司应该采取国有独资的形式。主要原因在于，国有资本投资、运营公司组建后，将会有大量的国有股权划转或注资到国有资本投资、运营公司中。为提高国有资本配置和运营效率，国有资本投资、运营公司需要对划转和注资的国有股权进行清理退出、重组整合和创新发展，加快处置低效无效资产和化解产能过剩。如果采取多元化的股权结构，不利于国有资本投资、运营公司迅速开展业务。

国有资本投资、运营公司所持股国有控股企业开展混合所有制改革。符合条件的可优先支持同时开展混合所有制改革、混合所有制企业员工持股、推行职业经理人制度、薪酬分配差异化改革等其他改革试点，充分发挥各项改革工作的综合效应。

现阶段，有以下五种混改路径或策略可选：

路径和策略之一：推动国企集团整体上市。这是混合所有制改革最基本、最普遍，也是最规范的一种模式。可以通过增发新股、子公司对母公司吸收式兼并的方式实现混改。

路径和策略之二：将国企集团公司转化为淡马锡式或中投式的投资公司。投资公司自身不举债，只负责国有资本运营，基本不控股，只做股权投资或只做战略投资者。

路径和策略之三：未达到上市条件时，可先推进股份制、股权多元化改革，保持国有控股的同时，把部分股权转给民营企业、社保基金、保险基金，甚至是外资。总之，通过股权转让，形成多元化的股份有限公司。

路径和策略之四：将股权转让所获得的国有资本，转化为由国资委直接控制的产业投资母基金，由国资委通过市场化方式选择基金管理组织。母基金不直接投到产业中去，而是按一定比例和各种社会资本的私募基金混合成立子基金。

路径和策略之五：在政府公共服务、基础设施等领域，推动公共产品价格实现市场化，为非公经济的进入创造条件，实现共享利益、共担风险、混合发展。

在混改实践中，要澄清五种错误认识。

近年来，无论是在认识上，还是在实践中，混合所有制改革已成为社会关注的敏感点。一段时间以来，一些质疑混合所有制改革的观点广为流传，这些说法似是而非，容易混淆视听，需加以甄别。

错误观点之一："混合所有制改革＝新一轮公私合营"。

在我国经济体制进行重大变革的不同阶段，存在着混合所有制经济成分占有不同比重的表现形式。一些民营企业家担心，新一轮混合所有制改革会导致资产公有化。这个观点错得很离谱！

所谓的"民营经济离场论"，说民营经济已经完成使命，要退出历史舞台；"新公私合营论"把混合所有制改革曲解为新一轮"公私合营"；有的人说加强企业党建和工会工作是要对民营企业进行控制；等等。这些说法是完全错误的，违背了党的大政方针。

混改的基本导向是，以保护产权、维护契约、统一市场、平等交换、公平竞争、有效监管，切实保护混合所有制企业各类出资人的产权权益，调动各类资本参与发展混合所有制经济的积极性。很显然，"混合所有制改革＝新一轮公私合营"的观点是错误的！

错误观点之二："混合所有制改革＝私有化"。

当前混合所有制改革过程中的国有资产流失问题，一直是社会关注的焦点。由于混合所有制改革涉及国有资本与非国有资本共同持股，一些人就将国有企业推进混合所有制改革等同于国有资产流失，甚至等同于私有化，将混合所有制改革贴上"私有化"标签。这个观点错得离谱！

国有资本、集体资本、非公有资本等交叉持股、相互融合的混合所有制经济，是基本经济制度的重要实现形式，有利于国有资本放大功能、保值增值、提高竞争力，有利于各种所有制资本取长补短、相互促进、共同发展。

国企混合所有制改革并不必然带来国有资产流失，关键是要程序公正、交易公平、信息公开、法律严明。如果操作流程和审批程序规范、国有资产定价机制健全、第三方机构的作用得到有效发挥、审计纪检及内部员工等各个方面的监管到位，完全可以守住国有资产不流失的“红线”和“底线”。

企业的资产价值需要动态衡量，国有企业股权也需要在交易中体现价值。有的人宁愿将国有股份在静态中“化掉”，也不愿通过交易追求股权最优配置，进而实现国有资产保值增值。这种因噎废食的错误观念一直制约着混合所有制改革乃至整个国有企业改革的进展。

错误观点之三：混合所有制改革后民企将沦为国企的“提款机”。

在国有企业改革的实践中，有的民企认为，国企搞混合所有制改革，无法控股的民企将很难拥有话语权，可能沦为国企的“提款机”。它们多虑了！

混改的目的，不仅是实现资本融合，发挥各类所有制资本的优势，更重要的是要通过混改建立有效的公司治理结构和灵活高效的市场化经营机制，让“物理反应”变成“化学反应”，提高改革的质量效益。

实质性的混合所有制改革就是要引入非国有股东，让他们能够进入董事会，能够制衡，在业务上发挥战略支持作用。只有推进实质性的混合所有制改革，企业的机制才可能真正转变。

错误观点之四：“一混就灵”才能证明混改成功。

当前，有些人对混合所有制改革的耐心不够，认为混改必须立竿见影，“一混就灵”。个别地方在实践中出现了“为混而混”走过场的倾向，甚至指望能毕其功于一役。这个心情可以理解，但这一想法太单纯。

所有制改革，特别是混合所有制改革效果的显现，总是需要一个过程的。不能指望“一混就灵”“一混就好”。混改是持久战也是攻坚战。作为一项重大产权制度改革，混改已经取得了许多历史性成就，但仍面临着一系列深层次矛盾和问题，需要不断地发现问题、解决问题。寄希望于“一混就灵”是不现实的，无论是政府主管部门、国企本身还是参与其中的民企，都要做好不断遇到问题、不断解决问题的准备。参与各方一定要抓住改革的主要矛盾，对症下药，在重点任务落地见效上狠下功夫。

错误观点之五：混改就是国有企业嫁“丑女”。

有人担心，国有企业开展混合所有制改革，就是想嫁“丑女”，把资产差、竞争力不强的企业拿出来，让民营企业给找出路，而将优质企业紧紧攥在手中。混改对非公资本缺乏吸引力。

国资委已明确表示，混合所有制改革是双向的，也是双赢的。你情我愿一定是前提！既大胆引进来，鼓励支持民营企业参与国有企业改革，也积极走出去，鼓励支持国有资本投资民营企业。国企、民企按照市场经济规律和企业发展规律，坚持平等互利、优势互补原则，实行的混合所有制改革是双赢的。[①]

① 经济日报．国资！关于混改五种错误认识的澄清［EB/OL］.（2018－11－23）［2019－01－11］. http：//www. sohu. com/a/277330959_ 498950.

第十四讲　组建目标：政企分开、政资分离

《国务院关于推进国有资本投资、运营公司改革试点的实施意见》（国发〔2018〕23号）进一步明确了试点改革目标：

> 通过改组组建国有资本投资、运营公司，构建国有资本投资、运营主体，改革国有资本授权经营体制，完善国有资产管理体制，实现国有资本所有权与企业经营权分离，实行国有资本市场化运作。发挥国有资本投资、运营公司平台作用，促进国有资本合理流动，优化国有资本投向，向重点行业、关键领域和优势企业集中，推动国有经济布局优化和结构调整，提高国有资本配置和运营效率，更好服务国家战略需要。试点先行，大胆探索，及时研究解决改革中的重点难点问题，尽快形成可复制、可推广的经验和模式。

《国务院关于改革和完善国有资产管理体制的若干意见》（国发〔2015〕63号）强调指出，改组组建国有资本投资运营公司，要以“提升国有资本运营效率、提高国有资本回报”为主要目标，通过股权运作、价值管理、有序进退等方式，促进国有资本合理流动，实现保值增值；或选择具备一定条件的国有独资企业集团改组设立，以服务国家战略、提升产业竞争力为主要目标，在关系国家安全、国民经济命脉的重要行业和关键领域，通过开展投资融资、产业培育和资本整合等，推动产业集聚和转型升级，优化国有资本布局结构。

综上所述，本轮国企改革，改组组建国有资本投资、运营公司的最终目标就是真正实现政企分开、政资分离。

第十五讲　由管企业转为管资本，国资委如何“放权”

新一轮国企国资改革，要求国资监管机构转变职能，由管企业为主向管资本为主转变，由管实物形态的国有资产向管价值形态的国有资本转变。试点改革的过程，就是国资监管机构与国有资本投资、运营公司的关系逐步理顺的过程。

按照《国务院国资委以管资本为主推进职能转变方案》（国办发〔2017〕38 号），国务院国资委明确精简 43 项国资监管事项，如图 2－3 所示。

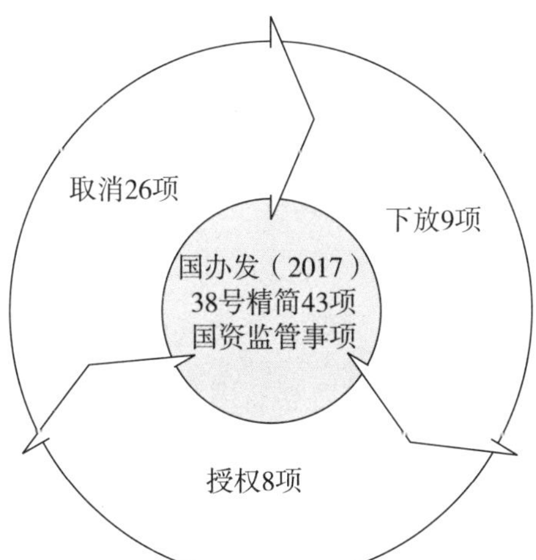

图 2－3　精简 43 项国资监管事项

其中，取消 26 项，国资委将不再直接规范上市公司国有股东行为，取消中央企业年金方案、中央企业子企业分红权激励方案等事项的审批，由企业依法自主决策。

下放9项，中央企业子企业的管理事项原则上归位于企业集团，中央企业子企业股权激励方案等审批权限交给企业集团。

授权8项，包括经理层成员选聘、经理层成员业绩考核、经理层成员薪酬管理、职工工资总额审批等事项。

实际上，国资委取消、下放、授权的职能，相当一部分将由国有资本投资、运营公司来承担。从管企业转向管资本，国资监管机构将更加突出国有资本运营。

2019年，国务院国资委正在制定国有资本授权经营改革方案，由管企业为主转向管资本为主，对混改企业大胆放权。

具体来说，就是对混改后的企业，从传统的对国有独资公司的监管模式转为对多元股东公司的管理模式和治理机制。国资委以管资本为主，进一步对混改企业大胆放权，落实混改后企业董事会的经理层成员选聘权、业绩考核权、薪酬管理权和职工工资分配管理权等权限，重点抓好事中和事后监管，提高监管效能，提升监管的针对性、有效性、系统性。国有股东通过股东会行使股东职权，并通过向董事会派出董事表达股东意愿，不干预企业日常经营活动。各治理主体按照《中华人民共和国公司法》规定行使相应职权，进一步厘清政企边界，使混合所有制企业更好地与市场经济融合。

国有资本投资、运营公司是国有企业改革的全新探索和尝试。通过改组组建投资、运营公司试点，最终推动国有资本向关系国家安全、国民经济命脉和国计民生的重要行业和关键领域、重点基础设施集中，向前瞻性战略性产业集中，向具有核心竞争力的优势企业集中，促进国有资本合理流动、优化配置。

第十六讲 “资本化”是管企业转为管资本的突破口

国企改革由“管企业”转变为“管资本”，是十八届三中全会决定的关于国有企业改革理论的重要突破。管资本就是改革经营性国有资产的实现形式，由实物形态的国有企业转为具有良好流动性、可以进入市场运作的价值形态的国有资本。

一、国有资本的六大基本属性、两大功能

1. 国有资本的六大基本属性

国有资本的六大基本属性如下：

第一，国有资本作为国家掌控的稀缺资源，应当追求投资回报和投资效率，保持一般资本的基本属性和运作方式，与市场经济体制对接。

第二，以财务约束为主线，建立有效的委托代理体制和监督机制，确保国有资本得到更高效、更公平、更透明和更负责任的使用。

第三，国有资本可以分为两类：一类是收益性的，作为财务投资，追求目标单一；另一类是政策性的，作为实现政府政策目标的资源，在保证实现国家目标的同时必须受到强财务约束、保障投资效率。

第四，为确保市场在资源配置中的决定性作用，国有资本的主体和绝大部分应属于收益性资本，以平等的身份在市场中竞争。政策性资本投资必须限定在市场失灵或某些特殊领域，并通过充分论证列出负面清单，不

可泛化。

第五，国有资本不应继续作为政府行使职能、直接干预产业和企业的手段，应改变通过“管控微观调控宏观”的行政方式，对宏观经济和产业结构的调控转向使用货币、法规、监管、标准、税收以及产业政策等间接管理方式。

第六，国有资本收益应纳入广义公共财政，作为重要补充来源，优先用于补充社保资金，还应用于扶贫、基本公共服务均等化、医疗保障等，保障经济体制转轨平稳进行。

2. 国有资本的两大功能

国有资本具有以下两大功能：

一是政策性功能，即作为政府实现特殊公共目标的资源。

二是收益性功能，获取财务回报，用于公共服务。

在经济发育程度较低、政府主导经济增长阶段，国家更重视国有资本的政策性功能。国有经济主要作为政府调控经济的工具、配置资源的抓手、推动经济增长的拳头。一方面，在国家有需要但非公经济不愿进入或不准进入的领域、天然垄断行业、涉及国家安全和某些公共服务等领域，以国有资本投资实现政府特定的公共目标的功能不可缺少。另一方面，很多曾经的“重要行业、关键领域”成了竞争领域，而制约经济社会发展的瓶颈、关系“国民经济命脉”的很多方面也已变化，社会保障、基本公共服务均等化和某些社会产品短缺已经上升为主要矛盾。

国有经济作为“工具”和“抓手”的功能应大幅度转向收益性功能，以投资收益作为公共财政的补充来源，弥补体制转轨中积累的必须由财政支付的历史欠账和民生需求。一方面补充社会保障资金的不足，保住社会底线；另一方面补充社会公益性资金，减少社会不公，促进区域协调发展。

二、“管资本”就是转变国有资产实现形式和管理方式

现阶段，我国经营性国有资产主要有两种实现形式和两种管理方式。

一种实现形式是建立委托代理关系，进行市场化运作。

例如全国社保基金，中国信达资产管理股份有限公司（简称信达）、中国华融资产管理股份有限公司（简称华融）等资产管理公司和中国投资有限责任公司（简称中投）、中央汇金投资有限责任公司（简称汇金）等投资控股公司。这类机构有一些共同特点：第一，它们都属于国家注资设立的金融持股机构，受托管理的对象都是资本化和证券化的国有资产，即“国有资本”，有较强的财务约束性；第二，它们与持股的公司之间是股权关系，不是行政关系，所有权与经营权分离；第三，它们是市场参与者，有获取更高财务回报的压力，所持股权（资本）可以在市场中运作。

另一种实现形式是实体国有企业，管理方式是管人、管事、管资产。

其特点是：第一，管理主体国资委是政府机构，有多重目标，管理的对象是按企业法注册、未经公司制改制的国有企业群；第二，从法律和财务意义上看，国有产权的委托代理关系并未建立，主要以行政方式履行管人、管事、管资产职责，对所属企业进行行政强干预、财务软约束；第三，国资委不具备产权运作权能，实物形态国有产权也基本不具有流动性，企业与政府保持着捆绑关系，用行政性手段调控效果有限，导致内部资本运营效率低下。

两种管理方式相比，后者在诸多方面很难与市场经济相融，是当前国资国企改革的重点。

三、“管资本”要实现的目标

“管资本”，就是改革经营性国有资产的实现形式，由实物形态的国有企业，转向可以用财务语言清晰界定、有良好流动性、可以进入市场运作的国有资本，并建立以财务约束为主线的委托代理体制。

“管资本”要实现以下三个目标：

一是顶层国有企业进行整体的公司制改制，国家从拥有企业转向拥有资本（股权），并委托专业投资运营机构持有和运作。这就隔离了政府与企业直接的产权关系，从体制上为政企分开、建立现代企业制度奠定了基础。有股东没有“婆婆”，对企业来说是一种解放。

二是国有资产资本化、证券化后，国有投资运营机构的所有权与企业法人财产权分离，这就解除了国有资本与特定企业的捆绑关系。企业自主决策做强做大、国有资本追求投资收益有进有退。这就构成了相关但不受约束的两个自由度。资本化是对国有资产流动性的解放，将释放出巨大的活力，并提高效率。

三是政府在管资本不管企业的体制下，可以处于超脱地位，正确处理与市场的关系，这对政府来说也是一种解放。

资本化的重要意义在于，将从根本上理顺、解开政府、市场和企业之间的死结，化解体制转轨中的诸多矛盾。国有资本的预期效能主要通过市场而不是行政力量来实现，这就使国有资本具有“亲市场性”，从而保障我国在保持较大份额国有经济的情况下，“使市场在资源配置中起决定性作用”。

第十七讲　理顺六大关系，构建有效的国资监管体系

仁达方略认为，要改组组建国有资本投资、运营公司，推进国企国资改革，关键是要理顺六大关系，结合企业实际，设计制订改组组建方案，如图2－4所示。

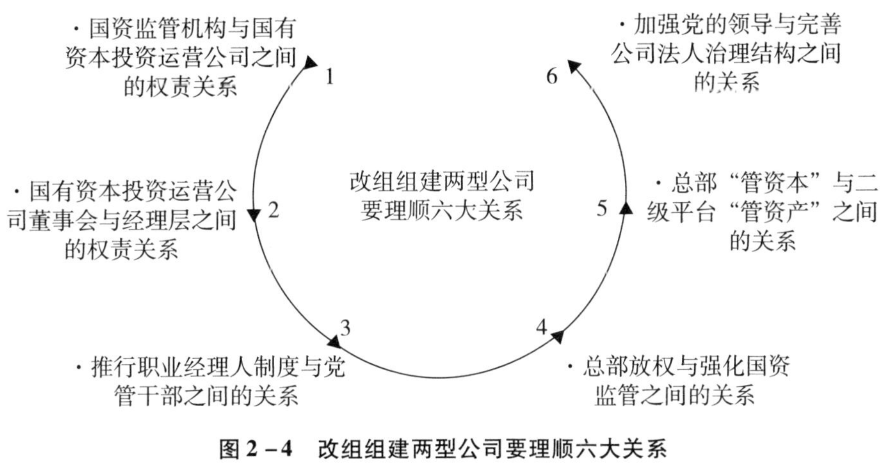

图2－4　改组组建两型公司要理顺六大关系

一要理顺国资监管机构与国有资本投资运营公司之间的权责关系，形成政企之间的有效"隔离带"，让国资委成为纯粹的监管者，逐步退出对企业经营层面的管理，将权利归位于企业。这一改革过程涉及资产配置、薪酬分配、市场化用人、体制改革等诸多方面。

二要理顺国有资本投资运营公司董事会与经理层之间的权责关系。要明确董事会与经理层之间的权责边界，提升董事会的独立性、科学性、有

效性，解决董事会权责不清、功能虚化等问题。

三要理顺推行职业经理人制度与党管干部之间的关系。改组组建两型公司急需一大批职业经理人进入经理层以提高国企活力。推行建立职业经理人制度体系的核心在于实现“岗位能上能下、薪酬能高能低、员工能进能出、身份能内能外”。

四要理顺总部放权与强化国资监管之间的关系。要明确国有资本投资公司总部的“战略引领、资本运作、监督统筹、服务共享”等核心职能，强化关键能力培育，构建价值创造型总部，确保“授权、放权”后，“看得见、管得住、审得清”，如图2－5所示。

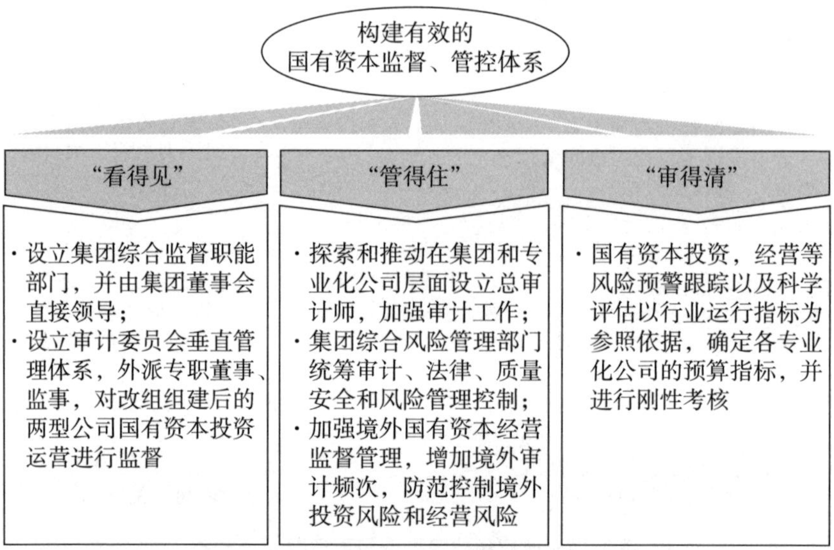

图2－5　构建有效的国有资本监督、管控体系

五要理顺总部“管资本”与二级平台“管资产”之间的关系。关键是要厘清总部作为投融资平台“管资本”与二级平台作为经营实体“管资产”之间的关系。

六要理顺加强党的领导与完善公司法人治理结构之间的关系。坚持党的领导、充分发挥国有企业党组织的政治核心作用是一个重大原则，任何时候都不能动摇。将党委会嵌入现代公司法人治理结构，平衡“三会一层”决策的科学性、高效性，明确党组织前置于董事会决策的程序、范围，强化“双向进入、交叉任职”与市场化结合。

总之，国有企业改革是一项复杂、艰巨的系统工程。作为国企国资改革的关键组成部分，改组组建国有资本投资运营公司试点改革探索在诸多方面都需要开创性尝试。

附一　央企兼并重组关键——战略重组而非重组战略*

2016 年年初，国资委研究决定开展国企“十项改革试点”，兼并重组成为十项改革试点的重要组成部分，标志着 2016 年将成为国有企业兼并重组突破性的一年。

仅在 2015 年 12 月期间，就发生四起央企重组事件，分别为南光（集团）有限公司与珠海振戎公司实施重组、中冶集团与中国五矿实施战略重组、中国远洋运输（集团）总公司与中国海运（集团）总公司实施重组、中国外运长航集团有限公司整体并入招商局集团。

2016 年以来，国企改革步伐加快，央企兼并重组频频，宝钢武钢重组、中粮集团收编中纺集团。

兼并重组是做大国有资本的有效途径。首先，我国产业普遍面临产能过剩问题，通过兼并重组可以提高产业效率，优化国有资产配置，提高产品质量；其次，推进国有企业兼并重组有利于在总体上优化国有资本配置，更好地让国有资产向国有资本过渡，从而真正实现保值增值的目标；最后，符合市场经济条件的兼并重组，也可以从另一个层面加快企业混合所有制改革、建立现代企业制度、自主创新的步伐，能够让企业真正做强做优，发挥国有企业经济支柱的作用。

目前，央企兼并重组主要以“强强联合”与专业化重组两种形式展

* 摘自北京仁达方略管理咨询股份有限公司董事长王吉鹏微博。

开。两家实力都比较强的央企合在一起，进而达到“1 +1 >2”的效果。对外可以增强国际竞争力，打造一流跨国公司；对内则可以实现资源互补，减少内耗，缓解产能过剩的现状。而专业化重组则是以行业龙头企业为依托，进一步强化同质化业务整合和细分行业整合。

未来3年，国企重组将进入活跃期，淘汰案例会明显增多，参股、控股、收购兼并、通过产权市场出售资产等多种形式的整合将会加速。

央企兼并重组的目的绝非减少央企数量、加强垄断，而是在市场竞争的环境下减少产能过剩。只有依据市场的充分竞争，淘汰市场竞争中失败的企业，才能将置换出的资源分配给竞争中存活的企业，实现优胜劣汰，进而提高行业效率。国企改革成功的标准也绝非央企数量减少和规模变大。对过剩产能的有效化解、过高杠杆的明显抑制、经营效益的持续改善以及国有资本配置效率的显著提高才是新一轮国企改革成功的标准。简练地说，提高国企的效率和竞争力才是国企改革的主旨。

央企兼并重组的关键在于战略性重组。

兼并重组不能“拉郎配”。如果央企兼并重组执着于便捷、迅速，或者执迷于减少数量、做大规模，国企改革或将走入歧途。央企兼并重组的关键在于战略性重组。

战略性重组，即具有战略目的和战略意图的兼并重组。企业为了达到某项战略目标，有目的地收购或兼并另外一家企业从而获得实现战略目标的资源；反之为重组战略。

宝武钢铁集团先重组企业，再整合战略，采取的是典型的重组战略。宝钢武钢的兼并重组在一定程度上可以提升行业集中度，带来规模、协同效应，但宝武钢铁集团能否实现“1 +1 >2”的效果则有待观察。未来，宝武钢铁集团若能有效清理不良资产，发展高端产品，减少重复浪费，整合企业优质资产，提升经营效率，重组效果可期。

实现战略性重组的基础是达成战略共识，真正建立起共同追求的目标，在此基础上，遵循一些基本的原则和逻辑。例如，重组要有利于两家企业实现各自的战略目标，要以更低的成本、更简洁的过程实施重组，要有利于重组以后的公司治理等。

中国五矿与中冶集团是两家世界500强企业，其战略重组实现了同一产业链上不同环节、具备不同优势的企业的“互补式重组”。首先，中国五矿和中冶集团拥有着力打造世界一流金属矿产企业集团，努力成为金属矿业领域的国有资本投资公司的共同目标。这次重组是积极实践这一目标的开端，重组后企业可以运作更多的资本，支撑参与全球竞争。以国有产权无偿划转的方式实施战略重组，是构建国有资本投资公司的有益探索。其次，两家企业的业务重叠性很低，在整个产业链上还体现出互补性。这就意味着，重组不需要进行大量核心业务的整合，而是要补强双方的优势，提高效率，降低成本。以国有产权无偿划转的方式实施战略重组，既能以最低的成本快速实现两家央企重组，也有利于保持现有架构的稳定。互相补强，有利于发挥协同效应，实现优势互补，同时可以大大降低重组的操作难度。

附二 “战略整合”是个伪命题*

企业并购重组后，要进行“战略整合”吗？在企业并购重组前，并购双方是相互独立的企业，双方都拥有各自的战略。并购重组完成之后，诞生的新企业只能有一个战略而不能有多个，故这个新企业需要重新制订战略。制订新战略，并不是简单地把原企业双方的战略进行叠加，也不是把新企业的战略强加给被并购的企业，更不是进行所谓的“战略整合”。其实，战略整合这种表述并不够准确。因为只有两个战略主体时，才涉及战略整合问题，而被并购企业已经失去了战略主体的地位，因此也就谈不上战略整合了。

实际上，企业并购重组，首先要选择好投资方式，即是进行“战略投资”还是“财务投资”；其次，要制订适合新企业的新战略。并购重组的投资方式一般分为财务投资和战略投资两种。财务投资就是向一个项目或是公司注入资金以实现入股控股。财务投资者更注重短期的获利，对企业的长期发展不怎么关心。战略投资就是对所投资企业产生长期影响的投资。战略投资者试图从企业的长远发展中获利，投资期限一般比较长，在投资的同时会带去一些先进的管理经验。有的企业实行并购重组，本来是想做财务投资，结果从“炒股人”变成了“股东”，把并购的企业变成了自己的产业，变成战略投资了，盲目地把“混乱化”等同于“多元化”。企业并购重组是选择战略投资还是财务投资，要根据并购企业的战略目标

---

* 摘自北京仁达方略管理咨询股份有限公司董事长王吉鹏微博。

和被并购企业的实际情况来决定。

例如，2001 年，中国铝业集团有限公司（简称中铝）上市时，为了和中铝在广西合作一些项目，美铝公司（简称美铝）和中铝签署了合资成立苹果铝业的备忘录，共同执行氧化铝、电解铝的产能扩建计划及各分担50%的资本开支。美铝作为战略投资者支持中铝进入资本市场。这种战略投资有点儿像联盟，为中铝建立稳固根基起了不少作用。但 6 年后，美铝未能因此实现在中国的战略目标，发现自己已无法控制中铝，因而选择了退出，把资金重新配置到其他增值资产上去，开始对在中国的其他项目进行财务投资。2007 年 9 月 13 日，美铝以每股 17.34 港元的价格，出售了其持有的 8.842 亿股中铝业 H 股，套现约 153 亿港元。扣除其 1.37 港元/股的成本，美铝账面净赚 141 亿港元，约相当于其 2006 年全年盈利的八成。

实际上，企业在并购重组后制定新战略的过程，是个集团管控的过程。一个集团企业的战略体系是否完善、战略规划是否可行、战略执行是否到位，都直接关乎集团企业当下的管理运营与未来的前途命运。集团企业的战略体系是集团管控体系的重要组成部分，是接下来进行组织结构设计、责权体系构建和业绩评价体系建设等一系列管理行为的重要前提。企业并购重组后制订新战略的过程，就是选择不同的管控模式的过程。例如，国家电网的全资子公司国网国际技术装备有限公司收购平高集团、全资子公司中国电力科学研究院收购许继集团，被收购后，平高集团和许继集团的战略主体地位就不存在了，国家电网按照并购前制订的战略直接实施就可以了，不需要进行战略整合。这就是“运营控制型”“战略控制型”和“财务控制型”三种管控模式中的“战略控制型”。

对于采用战略控制型管控模式的集团企业而言，其总部作为战略决策和投资决策中心，以追求集团企业总体战略控制和协同效应的培育为目标，通过战略规划和业务计划体系进行管理。总部除了在资产上对下属单位进行控制外，还负责集团的财务、资产运营和集团整体的战略规划，如对下属单位的战略发展规划、企业资产运用、全面预算划拨、企业绩效管理和统一技术开发等进行规划。

各下属单位同时也要制订自己的业务战略规划，并提出达成规划目标所需投入的资源预算。总部负责审批下属企业的计划并给予有附加价值的建议，批准其预算，再交由下属企业执行。总部对下属企业的管理主要通过年度报告或者季度报告的形式来表现。

世界上大多数集团企业都采用或正在转向战略控制型管控模式。例如，壳牌石油集团为了保证集团整体利益的最大化，对各下属企业业务的相关性要求很高。壳牌石油集团总部并不大，通过战略控制型管控模式协调各子企业之间的矛盾、平衡各子企业之间的资源需求等，将主要精力集中在综合平衡、提高集团综合效益上，实现了预期的战略协同目标。运用战略控制型管控模式的公司还有英国石油、飞利浦等。此外，企业要正确区分“战略重组”与“重组战略”。

企业进行战略重组，应先有战略，再进行重组，按照战略去实施并购。然而，很多企业是因行政命令或者机会导向而进行并购，因此就变成了重组战略。企业并购重组后制订新战略的过程就是选择有效的管控模式的过程，而不是简单地进行战略整合。

实操篇

第十八讲　改组组建后两型公司战略的重新定位

改组组建后的国有资本投资、运营公司，首先要解决“双百行动”试点央企战略调整、功能定位问题。功能定位是否清晰，决定着两型公司能否尽快获得核心竞争力、实现国有资本保值增值和可持续发展。

根据“1+N”政策设计，国有资产划分为经营性资产、资源保障资产和公益性资产。未来央企将分为三类，即实体产业集团、投资公司和运营公司，且各类央企的功能定位将逐渐清晰化。

作为国有资本投资公司试点，中粮集团聚焦核心主业，构建中国农粮食品领域的国有资本投资平台、资源整合平台和海外投资平台，打造具有全球竞争力的世界一流大粮商。中国五矿的战略定位为成为世界一流的、提供全球化优质服务的金属矿产企业集团。

作为国有资本运营公司试点企业，中国国新、诚通集团调整战略，最引人注目的大动作是设立基金，功能定位清晰化，经验值得借鉴。

2016 年 8 月，国内最大的国有风险投资基金——中国国有资本风险投资基金成立。中国国新作为国有资本运营公司试点企业，扮演了主发起人和控股股东的角色，基金总规模约 2000 亿元。

2016 年 9 月，另一家国有资本运营公司试点企业——诚通集团，牵头发起了中国国有企业结构调整基金。基金总规模达到了 3500 亿元，基金 80% 的投资将用于国有重点骨干企业的结构调整。如此大规模的国有资本风险投资基金、国有企业结构调整基金，全球罕见。

目前，两家试点企业主要管理 4 只基金，总规模合计 8500 亿元。其中，国有企业结构调整基金已参与了中国国航、中国电力建设集团有限公司（简称中国电建）非公开发行项目，发起设立了中国健康医疗大数据产业发展公司；国有资本风险投资基金投资了亚太卫星宽带通信（深圳）有限公司等。上述4只基金的成功发起和实际运作，把中央企业、地方企业、金融企业和社会资本等各方资金集聚起来，为央企结构调整和转型升级提供了融资新渠道和投资新机制。①

① 澎湃新闻网. 国资委放权从管企业迈向管资本：国资投资、运营公司眉目渐清［EB/OL］.（2017－06－19）［2017－08－10］. http：//news. 163. com/17/0619/07/CN9C11UE000187VE. html#from = relevant.

第十九讲　管控模式创新
——“小总部、大产业”

仁达方略研究发现，改组组建国有资本投资公司央企试点企业，最直观的变化体现在管控模式上。

“小总部、大产业”成为两型公司管控模式创新的趋势，资本运营和资产经营在试点企业分离开来。该模式更强调集团的投资能力和资源配置能力，具体的产业运营则主要由控股、参股的产业集团去承担，并使其成为独立的市场主体。

以国投为例，根据国有资本投资公司的功能定位，国投提出“重心下沉、激发活力、重组整合、重塑职能”的改革思路，确立了“小总部、大产业”的改单目标，打造“小总部、大产业”管控格局。总部定位于战略决策中心、财务控制中心和资本经营中心，由 14 个部门减至 9 个，在强化“战略决策、资源配置、资本运作、监督评价、党建”五大核心职能的前提下，将选人用人权、自主经营权、薪酬分配权等 70 多个事项授权国投电力董事会和国投高新董事会，推动子公司董事会成为决策和责任主体，确保授权“授得下、接得住、行得稳”。

以中粮集团为例，原中粮集团董事长赵双连概括了“小总部，大产业”的原则，即把资本经营与资产管理经营分开，压缩管理层级至三级，形成定位清晰且职责明确的“集团总部资本层—专业化公司资产层—生产单位执行层”三级架构“中粮模式”，如图 3 - 1 所示。

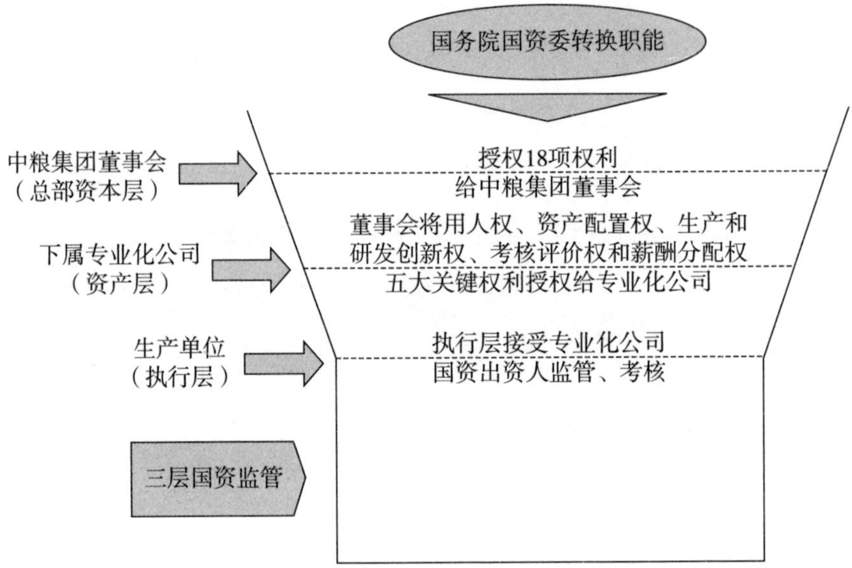

图3－1　中粮模式

总部负责国有资本的配置与监管，资产运营职能则全部下放至专业化公司。与此同时，集团总部进行“瘦身健体”，职能部门从13个压缩到7个，员工从610人减至240人以内。

第二十讲　现代企业法人治理的“中国模式”创新

建立科学的现代企业法人治理结构，是本轮国企国资改革、改组组建两型公司面临的一项重大任务和实践创新的重大课题。

国有企业要融入社会主义市场经济体系中，必然要构建具有快速的市场反应机制和适应市场经济要求、市场认可的现代企业法人治理结构和治理机制。

我国企业法人治理结构存在的问题如图 3－2 所示。

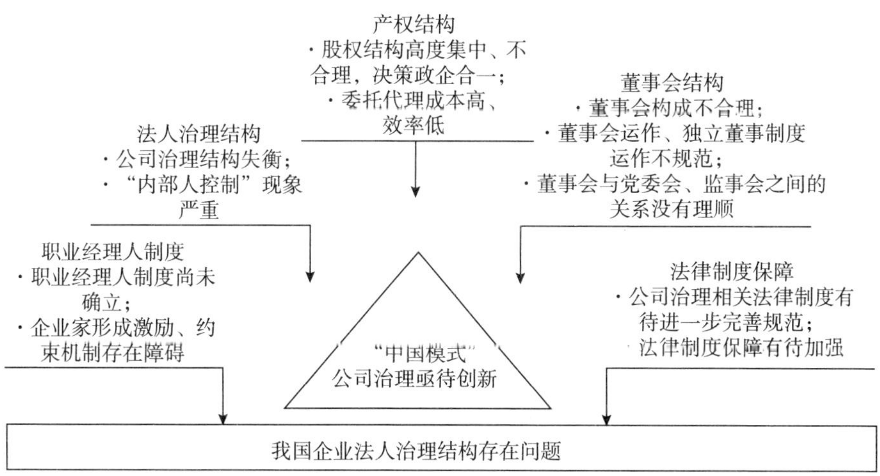

图 3－2　我国企业法人治理结构存在的问题

中国特色现代国有企业制度，“特”就特在把党的领导融入公司治理的各个环节中，把企业党组织内嵌到公司治理结构中。两型公司要明确和落实党组织在企业法人治理结构中的法定地位，不断创新探索党组织发挥政治核心作用的具体方式、基本途径。

“中国模式”企业法人治理结构如图3－3所示。

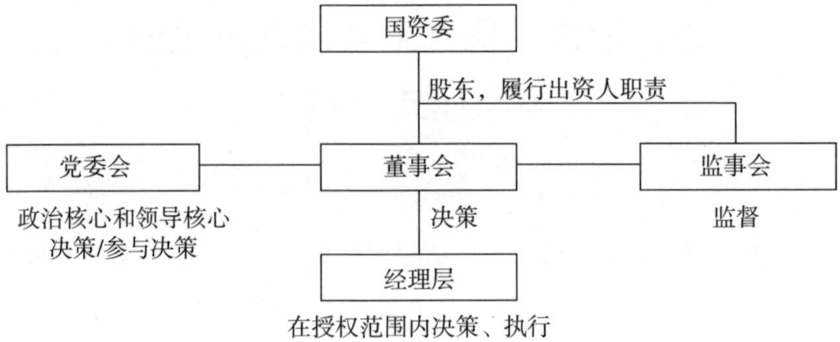

图3－3　“中国模式”企业法人治理结构

一要选择适当的法人治理结构模式。明确把党组织和职工民主管理纳入企业治理结构中，坚持和完善党委领导与董事会、监事会和经理层成员“双向进入、交叉任职”的领导体制，发挥党组织的政治核心作用；各治理主体权、责、利明确对等，既要形成制衡又要有机协调。

二要明确主体和责任。在法人治理结构各主体中，董事会是决策主体，党组织的定位是参与决策。党组织参与决策是组织行为，是从政治角度把关定向，承担决策的政治责任。在执行方面，党组织支持法人治理结构的其他机构依法行使职权，而不是代理其行使职权。

三要坚持党管干部原则与董事会、经理层依法行使用人权原则相结合。要明确党组织在干部管理权限上的政治领导责任和董事会选人用人的法定职权；要充分发挥党组织在选人用人上的把关定向职能，充分调动决策层、经营层依规选人和按需用人的主观能动性，从而实现党组织、董事会、经理层在用人上的融合和协调，形成合力，依法合规。

第二十一讲　党建嵌入法人治理结构的有效方式探索

坚持党的领导、加强党的建设是国有企业的“根”和“魂”，也是我国国有企业特别是中央企业根本的制度优势。

《国务院办公厅关于进一步完善国有企业法人治理结构的指导意见》（国办发〔2017〕36 号）为规范主体权责（党委会、三会一层）提供顶层设计政策指引。

改革经验表明：党建与现代企业法人治理结构缺一不可，只有充分发挥党组织的政治核心作用，把党建与企业法人治理结构相融合，党建才能取得长足进步，改革才能获得更大突破。本文初步归纳央企、地方国企试点改革的一些经验，得出党建嵌入法人治理结构的有效方式如图 3－4 所示。

一是明确党组织在法人治理结构中的核心定位。

把加强党的领导和完善企业治理结构有机统一起来，把党的领导的总的要求、党对国有企业领导的要求、党建工作的总的要求纳入公司的章程，把党的领导和公司的各项治理结构有机结合起来，把党建这种制度优势内嵌到企业法人治理结构中，使党的领导作用和党的政治核心作用得到充分发挥。

——涉及企业改革与发展的重大问题时，党组织要统领和驾驭全局、把握方向。

——改革党组织和企业治理结构双轨领导体制、运行机制，不同产权结构的所属企业实行不同的领导体制，或由董事长兼任党委书记，或由总

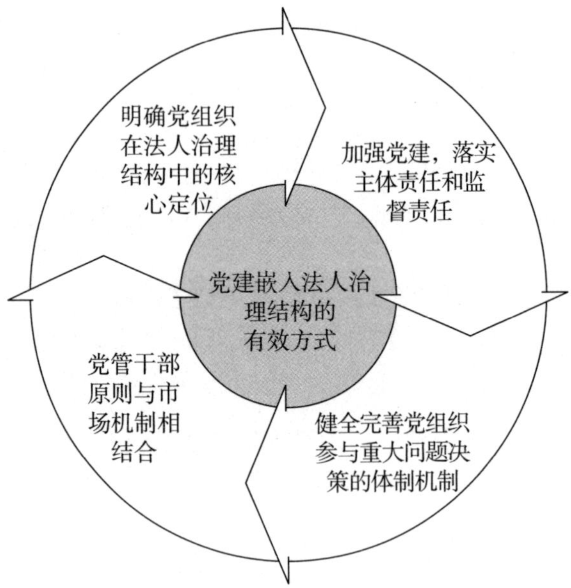

图 3－4　党建嵌入法人治理结构的有效方式

经理兼任党委（总支）书记，或董事长、总经理、党委书记分设，党委（总支）成员全部进入经营班子。

——法律法规要对企业党组织机构设置、职责任务、人员配备和经费保障等做出明确规定，确保党组织成员在法定治理结构中的法定身份。

二是加强党建，落实主体责任和监督责任。

通过“交叉任职、双向进入”实现新老三会有机融合，使国有企业领导班子特别是主要负责人真正做到忠诚、有担当。

——职工代表大会（简称职代会）与新三会对接融合的途径。职代会与新三会是互补协作的关系。职代会对股东大会行使建议权，而不是决策权，可合法选举代表进入董事会，职代会依法选举代表进入监事会。

——党委会与新三会对接融合的途径。党委会成员通过股东大会选举进入董事会出任董事长或董事；党委会成员也可以通过法定程序进入监事会，行使《中华人民共和国公司法》规定的监事权与提议权；党委会成员可以通过股东代表大会选举进入经理班子。

——工会与新三会对接融合的途径。工会与股东大会在一定程度上是劳资关系，工会代表可以进入董事会和监事会，工会主席可以以合法的程序出任董事或监事，依法参与企业决策与监督。

三是健全完善党组织参与重大问题决策的体制机制。

参与企业重大问题决策是《中国共产党章程》赋予企业党组织的重要职责，是党组织发挥政治核心作用的基本途径和集中体现。党组织发挥政治核心作用的体制机制要与现代企业法人治理结构相融合，明确界定党组织参与重大决策的内容与范围，规范完善党组织参与决策和发挥作用的方式。

——凡提交股东会、董事会审议决定的问题，原则上事先都要经过党委会集体讨论决定；凡涉及职工切身利益的重要问题必须上职工代表大会通过。

——党组织对重大问题集体研究时，由进入董事会、经理班子的党委会成员通过多种方式反映党组织意见建议，使党组织的主张在董事会决策中得到重视和体现，并把董事会决策结果反馈给党组织，从而实现科学民主决策。

——对不按决策程序和规则办事、造成重大经济损失或政治影响的，给予相应的党纪政纪处分。

四是党管干部原则与市场机制相结合。

党管干部是党组织发挥政治核心作用的主要方式之一，体现在党对干部的选拔、教育、培养、使用等各个方面。党管干部原则要与改革完善现代企业人事管理制度、市场化选聘职业经理人相结合。

改革经验表明：腐败问题多发、国有资产流失、生产经营效率低下的企业，都或多或少存在党的领导和党的建设弱化、虚化、淡化、边缘化问题。因此说，坚持党的领导、加强党的建设是国有企业的“根”和“魂”。

第二十二讲 “走出去”加速国有资本全球化布局

战略管理创新是改组组建两型公司的重要组成部分。

作为中国“一带一路”倡议的重要组成部分，“走出去”进行海外投资是国有资本投资、运营公司主动参与国际分工、资本全球化布局、有效利用国际国内两个市场和资源的重要举措。①

一、国有资本海外跨境并购非常活跃

2007 年至 2015 年涉及中国收购人的并购情况如图 3－5 所示。

据统计，2016 年前 6 个月，中国国有企业海外跨境并购交易达到 1116 亿美元，交易量同比增长了 45% 左右。未来，中国企业将在海外项目中与本地参与者建立更多战略合作伙伴关系。

二、国企对外直接投资东道国由传统亚非拉国家扩展至全球市场

“一带一路”的实施，使国有企业、国有资本加速融入全球经济体系中，对外直接投资东道国由传统亚非拉国家扩展至全球市场。

2017 年，中国企业共对“一带一路”沿线的 59 个国家进行非金融类

① 艾瑞网．中国跨境趋势如何？2017 年跨境海外投资有哪些热门目的地［EB/OL］．（2016－12－27）［2017－03－20］．http：//column. iresearch. cn/b/201612/788837. shtml.

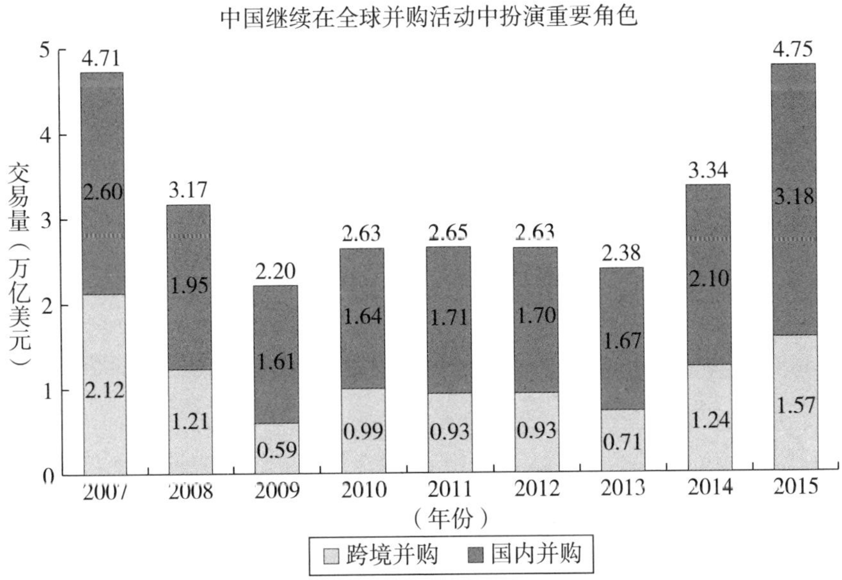

图 3－5　2007—2015 年涉及中国收购人的并购情况

注：跨境并购交易指交易各方总部或经营设在不同国家的并购交易，所有数据是通胀调整至 2015 年后的数据。

资料来源：艾瑞网。

直接投资 143.6 亿美元，占同期总额的 12%，较上年提升了 3.5 个百分点，主要投向新加坡、马来西亚、老挝、印度尼西亚、巴基斯坦、越南、俄罗斯、阿联酋和柬埔寨等地。

2017 年全年，中国境内投资者共对全球 174 个国家和地区的 6236 家境外企业新增非金融类直接投资，累计实现投资 1200.8 亿美元，同比下降 29.4%，非理性对外投资受到政府遏制。

三、境外投资布局呈多元化扩展态势

国企境外直接投资逐渐向附加值较高的产业倾斜，境外投资布局呈多元化扩展态势。我国从资本净输入国变成净输出国，对外直接投资步入黄金期。

法人治理篇

第二十三讲　国资监管机构与董事会之间的关系

国资监管机构与董事会之间的关系如图 4－1 所示。

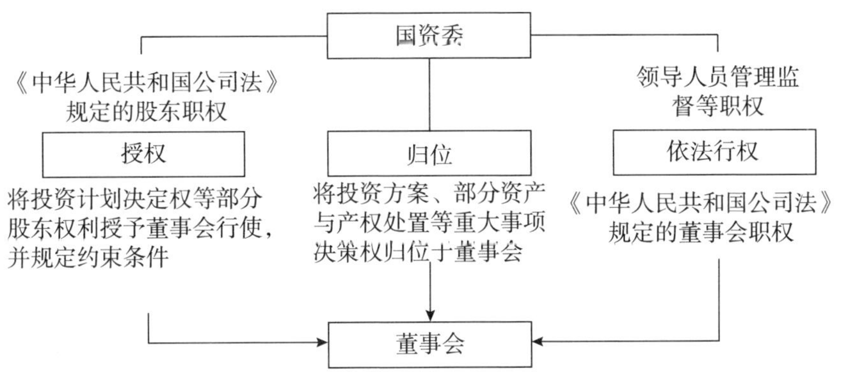

图 4－1　国资监管机构与董事会之间的关系

一、国资监管机构功能定位

《国务院关于改革和完善国有资产管理体制的若干意见》（国发〔2015〕63 号）规定：

国有资产监管机构作为政府直属特设机构，根据授权代表本级人民政府对监管企业依法履行出资人职责，专司国有资产监管，不行使政府公共管理职能，不干预企业自主经营权。以管资本为主，重点管好国有资本布局、规范资本运作、提高资本回报、维护资本安全，更好服务于国家战略目标，实现保值增值。

该政策文件准确阐明了国有资产监管机构的功能定位。

二、两型公司功能定位

国有资本投资、运营公司是出资人机构为盘活国有资产、优化国有经济布局，改组组建的功能性公司，是一种新型的、具有明确目标功能的国有企业。该功能定位，决定了两型公司是加强国有资产流动性、促进国有资本进行优化布局、实现国有资产战略目标、承担特殊功能的国有企业。两型公司与其他国有企业取长补短、互利共赢，最终实现国有资本优化配置。

国有资产监管机构与两型公司董事会之间的关系是出资关系、监管关系和授权关系。

间接授权模式下，国有资产监管机构作为政府层面出资人代表，根据授权依法对国有资本投资、运营公司履行出资人职责。国有资本投资、运营公司依据公司法等法律法规，对出资企业依法行使股东权利。

以中粮集团为例，2016 年 7 月，为推进中粮集团国有资本投资公司试点工作，国务院国资委对中粮集团董事会进行了 18 项授权，涉及资产配置、薪酬分配、市场化用人等多方面，如表 4－1 所示。

表 4－1　国资委授权中粮集团董事会的 18 项权利

序号	具体内容
1	围绕服务国家战略，按照国家产业政策和重点产业布局调整的总体要求，立足于公司实际，决定五年发展规划
2	根据报国资委同意的公司三年滚动规划，决定年度投资计划
3	可以在已批准的主业外，确定 1～3 个新业务领域，经国资委备案后在投资管理上视同主业对待，根据发展情况申请将其调整为主业
4	决定公司内部企业之间的产权无偿划转，产权转让、转换及资产评估事项
5	决定子企业以非公开协议方式增资及资产评估事项
6	决定通过产权交易市场转让国有产权、对子企业增资事项
7	决定公司及子企业的重大资产处置事项

续 表

序号	具体内容
8	在法律法规和国资监管规章规定的比例或数量范围内，增减持上市公司股份事项
9	在不涉及控股权变动的情况下，决定上市公司股份的协议受让事项
10	决定所持上市公司股份质押事项
11	决定参股企业与非国有控股上市公司重组事项
12	根据国家有关规定和国资委考核导向，对经理层实施个性化考核；其他企业负责人执行国资委现行考核办法
13	对市场化选聘的职业经理人实行市场化薪酬分配机制，可以采取多种方式探索完善中长期激励机制
14	按照国家有关政策规定和国资委工资总额管理办法，实行工资总额备案制，合理安排年度工资支出
15	实行符合企业实际的工资总额管理方式。根据国家有关政策规定，审议决定职工工资分配相关事项，并按要求报国资委备案
16	根据国家企业年金管理有关规定，决定公司所属各级子企业年金实施细则
17	根据公司承受能力，合理确定捐赠规模，规范履行社会责任，并将捐赠支出纳入年度预算，对预算外捐赠事项严格履行内部审批程序。重大捐赠应公开信息，公司重大捐赠履行向国资委备案程序
18	根据国家法律法规和国资委有关规定，合理确定公司担保规模，制定担保风险防范措施，公司重大担保不再向国资委履行备案程序

授权后，国资委将对中粮集团的管理由审批改为备案，不再干预中粮集团的战略和投资计划，中粮集团自主决定五年发展规划和年度投资计划，中长期发展战略和规划由中粮集团研究决定后报国资委备案。此外，中粮集团董事会还可确定1～3个新业务领域，经国资委备案后在投资管理上视同主业对待。“中粮方案”的实施，利于央企走入市场，成为独立的市场主体。

第二十四讲　董事会与经理层之间的关系

现代企业法人治理结构是指股东会、董事会、监事会、经理层之间形成的权责分配、激励与约束、权力制衡关系。两型公司改组组建后，法人治理结构的优劣关键取决于董事会与经理层之间的权责关系界定是否清晰，董事会能否规范运作和发挥作用。董事会与经理层之间的权责关系界定示例如表4－2所示。

表4－2　董事会与经理层之间的权责关系界定示例

权责类型	董事会	经理层
战略定位	• 执行股东会决议，并向其汇报工作； • 提出公司战略发展方向、目标； • 提出重大战略调整方案（包括企业改革改制、内部合并或分立、对外兼并联合、多元化经营等），报股东会审批； • 跟踪监督战略实施过程； • 评价战略实施结果	• 执行董事会决议，并向董事会汇报工作； • 执行董事会批准的战略方案； • 管理控制战略实施进度、过程
经营管理	• 审议、批准经营层提出的年度经营计划	• 制订年度经营计划，并报董事会审批； • 在实施年度经营计划、战略的过程中，有效配置国有资产
财务投资	• 审议并决定公司预算、决算方案； • 制订公司利润分配方案，弥补亏损； • 审核并决定对内、对外大额投资等	• 提出公司预算、决算方案，执行董事会预决算决议； • 负责日常财务管理、汇总财务报表； • 在董事会授权范围内决定对内、对外投资等

续 表

权责类型	董事会	经理层
组织人事	• 决定公司内部管理机构设置； • 聘任和解聘总经理，根据总经理提名，聘任副总经理和财务负责人； • 制定高管人员报酬及激励约束机制等	• 拟订公司内部机构调整方案； • 提出副总经理、财务负责人人选； • 聘任、解聘其他员工； • 制定员工报酬以及员工奖惩考核制度等

一、从职能定位角度来说

在股东会—董事会—经理层的三层公司治理结构中，董事会处于中间层，上受控于股东会，下控制经理层，同时受到监事会和董事会内部的监督，是连接股东会和经理层的桥梁，在企业治理结构中处于核心地位，是企业治理结构中众多委托代理关系指向的共同结点。

在股东会—董事会的委托代理关系中，董事会是受托方，扮演着利益代表者的角色。

在董事会—经理层的委托代理关系中，董事会是委托方，委托经理层具体执行决策，组织公司的生产管理。作为资源控制者，董事会聘任或解聘经理层人员并决定其报酬。

在股东会—经理层的委托代理关系中，董事会是受托方和委托方之外的第三方，扮演利益协调者角色，协调和缓解股东会和经理层之间的代理冲突，发挥监督功能。

二、从权责划分角度来说

董事会由股东会选举产生，对股东会负责，其主要权责包括选聘或解聘公司经理层人员，并决定其报酬；审议和批准经理层的战略计划、经营计划和投资方案；制订财务预决算方案、利润分配方案；决定公司合并、分离和解散等。经理层人员由董事会聘任，对董事会负责，主要权责包括实施董事会决策；负责公司日常管理，包括内部机构设置和管理规章制定；负责内部员工选聘、管理，并决定员工报酬等。

总的来说，董事会与经理层的“分与合”不是问题的根本症结，只有切实解决了国有企业所有权主体虚化的问题，规范完善公司治理结构，创新管理理念，才能够真正理顺董事会与经理层之间的治理关系。

第二十五讲　党组织与现代企业法人治理结构的关系

《中央组织部、国务院国资委关于中央企业党委在现代企业制度下充分发挥政治核心作用的意见》指出：坚持党的领导、发挥国有企业党组织的政治核心作用是一个重大原则，任何时候决不能动摇。

要建立健全企业党组织发挥政治核心作用、参与企业重大问题决策的体制和机制，保证、监督党和国家方针政策在中央企业贯彻执行。

仁达方略认为，厘清党组织与现代企业法人治理结构的关系，关键在于明确党组织前置于董事会、经理层研究讨论的程序和范围；完善党委（组）人员设置，强化“双向进入、交叉任职”原则的执行。党委会前置模式如图4－2所示。

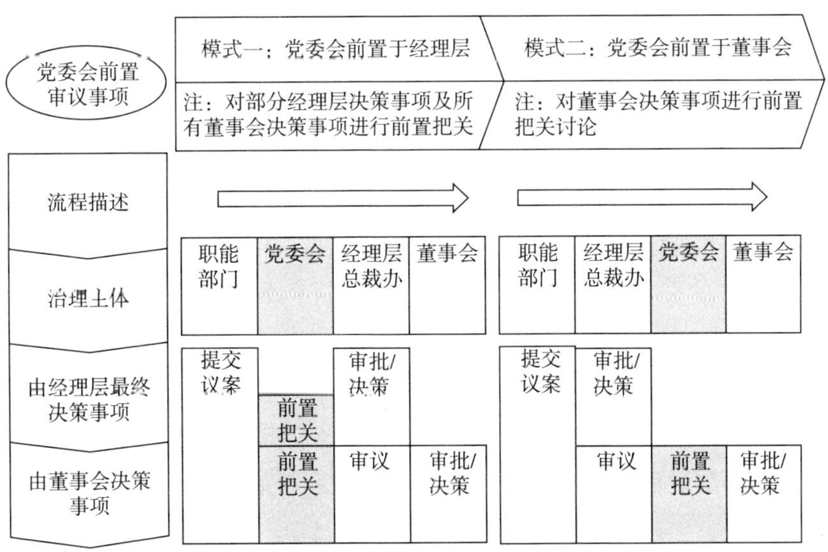

图4－2　党委会前置模式

党委会前置于董事会模式示例如表4－3所示。

表4－3　党委会前置于董事会模式示例

类别	事项范围	内容描述	审批/决策方式
党建	党组织建设、党风廉政建设	• 部署集团公司系统党建； • 加强党组织思想、组织、作风建设； • 集团及所属企业党委、纪委组织建设； • 党风廉政建设等	• 由党委会直接决策并领导实施
“三重一大”	重要干部任免	• 集团总部经理层选聘、考核、薪酬分配； • 二级平台董事会的薪酬分配、考核； • 依据授权边界，所涉及的中层干部选聘、考核、薪酬分配等，包括总部职能部门正职、二级平台经理层	• 集团总部经理层人选由党委会提出意见，报董事会决策； • 集团中层干部人选由经理层建议，党委会提出意见，报董事会决策
	重大问题决策	• 原则上要与董事会决策事项一致，具体包括：集团中长期发展战略规划；年度经营计划；集团公司基本制度制定和调整；公司章程制定、调整；集团年度预决算计划；集团利润分配方案；年度投资计划；公司章程所规定的超过一定额度的投融资事项、投融资计划、担保等事项	• 由党委会前置于董事会进行把关，提出意见，报董事会决策
	重大项目投资决策		
	大额资金使用		

总体而言，党委会前置模式下，构建董事会—董事长办公会—经理办公会三层架构，通过党委（组）会前置于董事会研究讨论，将党的领导嵌入现代企业法人治理结构体系中，并通过完善党委（组）人员设置、“双向进入、交叉任职”原则机制，确保董事会科学决策、高效决策。

第二十六讲　发挥外部董事作用，避免董事会职权虚化

要充分发挥外部董事的作用，避免董事会职权虚化，如图4－3所示。

图4－3　充分发挥外部董事的作用

一、引入外部董事制度

引入外部董事制度是国有企业建立现代企业制度的重要内容。

作为国有企业公司治理的亮点，外部董事制度的生存前景取决于在何种程度上解决了国有企业独特的治理问题和降低制度适应成本。

要改善外部董事制度的制度环境，解决外部董事制度水土不服的问题，应该着眼于市场化和相关制度的改善。

二、维护外部董事的“外部性”和“独立性”

外部董事是指国有控股股东依法提名推荐，由任职公司或控股公司以

外的人员（非本公司或控股公司员工的外部人员）担任的董事。

国务院国资委进行董事会试点的央企几乎都是国有独资公司，出资人单一，所以我国央企董事会对外部董事的选聘与管理由国务院国资委的企业管理干部局具体负责。国务院国资委印发的《国有独资公司董事会试点企业外部董事管理办法（试行）》第八条规定了外部董事的任职条件。

三、搭建董事会与外部董事沟通机制

试点探索中，企业要为外部董事提供履职材料和必要的办公条件，定期向外部董事提供公司财务报表、阶段性工作计划及总结、日常工作信息等外部董事正常履职所需要了解的基本情况。召开董事会前，应当通知外部董事，并提供会议材料。此外，出资人应及时向外部董事通报相关事项，与外部董事深入交换意见，以取得共识等。

附三　新兴际华规范董事会管理经验

新兴际华集团有限公司（简称新兴际华）是国务院国资委监管的中央企业，是集资产管理、资本运营和生产经营于一体的大型国有独资公司、世界500强企业（2015年排第344位），董事会试点央企标杆。

董事会由来自不同领域的资深企业家、学者等9人组成，其中外部董事超半数的配置，有效杜绝了“内部人控制”的可能。

一、集中的权力分散化、隐蔽的权力公开化

通过决策权与经营权有效分离，专业管控权与自主经营权有效统筹，新兴际华实现了“集中的权力分散化、隐蔽的权力公开化”。具体操作如下：

横向上，通过董事会、经理层、监事会在决策、执行、监督上的“三责共立”，实现“高人掌舵、能人撑船、贤人护航”，共开大船。

纵向上，以层级分权为基础，推动“集团—板块—成员企业”法人治理体系“三级共建”，实现“集权有道、分权有序、授权有章、用权有度”，突出法定代表人的中心地位。

二、规范董事会建设

一是以规范董事会建设为核心，推动新老三会有效对接，建立权责明确、有效制衡的治理结构，实现决策、执行、监督“三责共立”，对董事会、经理层的职责权限做出明确规定，保证规范运作。

通过“双向进入、交叉任职”，保证法人治理与党委政治核心、职工民主管理“三个体系”的良好融合，增强董事会的决策控制力、监事会的监督力、经理层的执行力、党委的保障力、工会的亲和力，协同提升集团活力。

二是以外部董事作用的发挥为关键，实现外部董事、内部董事、职工董事“三智共融”，实行外部董事“一票缓决制”，即所有议案只要有 1 名外部董事反对，就暂缓上董事会表决。

三是以层级分权为基础，实现“集团—板块—成员企业”法人治理体系“三级共建”。推行专业化管理模式，对所属 70 多个三级企业分 4 个板块进行管理，并由工厂制改革为公司制。形成以外部董事制度为核心的三级法人治理体系，确保“集中权力分散化、隐蔽权力公开化”。

三、董事会、党委会、经理层“三马共驾”

在治理层面，凡属企业重大问题，首先由党委会研究。党委会提出供董事会或总经理办公会决策的参考意见，不仅使党组织的主张在决策过程中得到应有的重视和体现，而且更加有利于党组织的决策意图融入最终的经营决策之中。

在管理层面，集团党委会根据经营管理热点、难点、重点，及时提出工作要求，动员各级党工团组织和党团员带头配合经营工作，确保董事会决议高效执行、经理层迅速落实。

核心能力建设篇

第二十七讲　国际化战略管理能力

党的十九大报告提出“做强做优做大国有资本，培育具有全球竞争力的世界一流企业”，其核心内容为：一是要以市场化为导向，形成一批在国际资源配置中占主导地位的领军企业；二是形成在全球行业发展中具有引领作用的企业；三是形成在全球产业发展中具有话语权和影响力的企业。

要贯彻落实党的十九大提出的国企国资改革新思想、新目标，两型公司改组组建后，须加强五大核心能力建设，包括国际化战略管理能力、“走出去”海外并购和资本整合能力、公司治理能力、内控和风险控制能力、体制机制与管理创新能力，如图 5 - 1 所示。

国际化战略是指企业产品与服务在本土之外的发展战略。实施“走出去”国际化战略，不断提升国际化战略管理能力，能够大大加快国有资本投资、运营公司国际化进程，实现国际化产业布局与发展。

一般来说，国际化战略分为本国中心战略、多国中心战略和全球中心战略三种。其中，本国中心战略是指在母公司利益和价值判断下做出的经营战略。其目的在于以高度一体化的形象和实力在国际竞争中占据主动，获得竞争优势。多国中心战略是指在统一的经营原则和目标指导下，按照各东道国当地实际情况组织生产和经营活动，母公司主要进行总体战略制订、经营目标分解、对海外子公司实施目标控制和财务监督，海外子公司拥有较大的经营决策权，提高对东道国当地市场需求的反应能力。全球中心战略则是将全球视为一个统一的大市场，在全球范围内获取最佳资源并

国际化战略管理能力	“走出去”海外并购、资本整合能力	公司治理能力	内控、风险控制能力	体制机制、管理创新能力
· 树立全球思维，打造世界一流全球公司 · 坚持做强主业，打造核心竞争力 · 服务“一带一路”，共建共享“走出去” · 利用国际金融市场，生产资本经营“双轮驱动” · 培养国际人才，提高国际化经营能力 · 参与行业国际治理，提升国际话语权 · 履行“企业公民”责任，树立良好国际形象等	· 把握由中国资本撬动的全球并购浪潮、“走出去”战略机遇 · 提升海外投资全面风险管理与评估能力 · 科学设计海外并购流程、风险管控体系 · 加快提升海外投资能力和跨文化差异管控创新能力等	· 清晰界定国资委与董事会权责边界 · 规范董事会制度建设，落实董事会职权 · 提高总部价值创造能力、公司治理水平 · 以管资本为主，搭建完善三层架构国资监管体系 · 推行职业经理人制度 · 稳固党组织公司治理地位，充分发挥政治核心、领导核心作用 · 推进供给侧结构性改革，优化国资产业布局、区域布局	· 提高集团层面、控参股子公司出资企业内控、风控意识 · 建立有效的内控制度体系，推进内控、风控技术手段和风控体系建设，提升整体风险防控能力 · 优化全面风险管理流程，构建全面风险管理体系 · 建立风险评估预警体系、海外保险体系与风险补偿机制 · 提高国内整合重组、海外投资成功率和收益率	· 核心技术创新强企，加快关键共性技术、前沿引领技术、现代工程技术、颠覆性技术突破 · 体制机制创新强企，深化国企国资改革，完善现代企业制度，构建“三层架构”国资监管制度框架，推动机制创新，增强国有企业活力和竞争力 · 产业模式创新强企，加快产业结构转型升级，向全球价值链高端攀登

图 5－1　国有资本投资、运营公司五大核心能力构建

销售产品。

如何提升国有资本投资、运营公司国际化战略管理能力？

第一，制订清晰的海外战略和本土化策略，确定海外业务的主攻方向，保持产业比较优势。

以日本企业为例，日资企业在制订国际化战略、选择目标市场时，非常注重保持与投资对象国之间的产业比较优势，不断调整海外业务的主攻方向。20 世纪 70 年代初，日本企业海外业务的主攻方向在亚洲、中东、拉丁美洲、非洲等地区；20 世纪 80 年代中后期，则加大了在美国、英国的投资；20 世纪 90 年代初期，投资重心再回亚洲，集中到中国、东盟等地。20 世纪 90 年代后期和 21 世纪的第一个 10 年，日本企业继续扩大在北美、欧洲等地区的海外投资，并始终保持与投资国的产业比较优势。

第二，构建成本控制、高质量和核心技术领先优势和综合竞争优势。

日本企业高度重视成本控制和质量，非常善于以核心技术为手段，占据价值链的制高点，创造高附加值，掌控产业价值链中的关键控制点。中国企业要“走出去”，就必须构建独有的核心优势和价值创造能力。

第三，加快实施国际化人才战略。

党的十九大提出，要深化国有企业改革，发展混合所有制经济，培育具有全球竞争力的世界一流企业。

在经济全球化和中国特色社会主义进入新时代的大背景下，国有资本投资、运营公司要想主动“走出去”参与国际竞争，亟须制订和实施国际化人才战略。一方面要注重信念教育和政治引领，强化本土国际化人才的培育；另一方面要大力培养杰出人才、领军人才和高水平创新团队，响应国家“四个一批”人才培养工程、“文化名家工程”“百千万人才工程”“国家高层次人才特殊支持计划”“长江学者奖励计划”“创新人才推进计划”“国家杰出青年”等国家级重大人才工程。此外，还要优化国际化人才管理方式，改进完善评价激励机制。

第四，加强产业链上下游企业之间的合作，形成产业集群的竞争优势，相关行业之间形成战略协同效应。

综上所述，国有企业，特别是中央企业，要善于借鉴领先的跨国公司向全球公司进行战略转型的经验，扬长避短，从以下几个方面着眼以提升全球竞争力、“走出去”国际化战略管理能力，打造全球公司，培育具有全球竞争力的世界一流企业：

——树立全球思维，从国内企业上升到全球公司。

——坚持做强主业，打造核心竞争力。

——服务“一带一路”，共建共享“走出去”。

——利用国际金融市场，生产资本经营“双轮驱动”。

——培养国际化人才，提高国际化经营能力。

——参与行业国际治理，提升国际话语权。

——履行“企业公民”责任，树立良好国际形象等。

第二十八讲 “走出去”海外并购、资本整合能力

“走出去”战略是中国政府坚持对外开放的基本国策。自党的十六大把实施“走出去”战略上升为国家战略后，中国企业对外投资呈现强劲增长势头。

国有资本投资、运营公司实施“走出去”战略、海外投资并购，在原料供应、资本整合、人才利用、产品研发、市场拓展、品牌提升等方面迅速获得参与国际竞争的比较优势，实现资源要素在全球范围内的优化配置。与此同时，“走出去”海外并购还将面临以下三大挑战：

挑战一：战略扩张的可持续性。

中国企业“走出去”进行资本输出、引进海外高新技术和优秀品牌并拓宽海外市场，已经引起一些西方国家的排斥；中小企业成为境外并购主力，并购动机和资金来源引起被并购企业的怀疑。海外并购，要想实现双方合作共赢，实属不易。

挑战二：海外并购后的资本与资源整合能力。

经验表明：海外并购后最大的风险在于投后整合。据统计，中国企业海外并购，仅约三分之一的海外并购可称为成功的并购，剩余的三分之二或多或少都存在问题。“走出去”海外并购成败影响因素分析如图 5-2 所示。

由此可见，不断提升海外并购后的资本与资源整合能力，成为国有资本投资、运营公司“走出去”所需解决的主要问题。

挑战三：财务风险问题。

海外并购企业未来的盈利空间和可持续性方面均存在较大的不确定

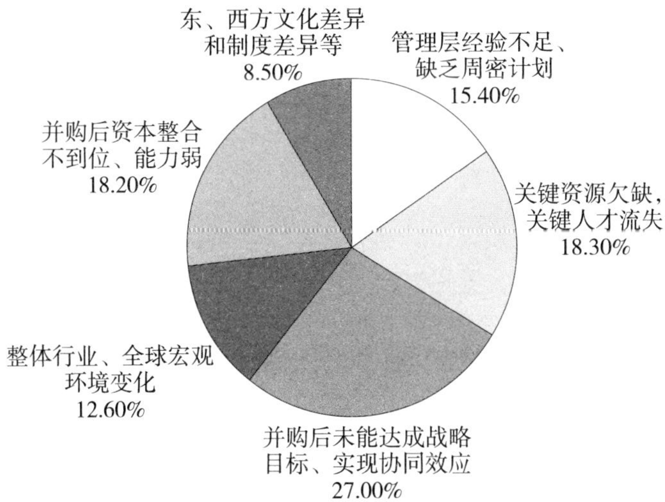

图 5－2　“走出去”海外并购成败影响因素分析

资料来源：仁达方略。

性。一些自有资金量相对缺乏、通过高杠杆进行并购交易的企业，无疑将面临较大的财务风险。

中国经济转型升级需要盘活存量，重组并购，加快推动国内资本“走出去”海外并购、资本整合扩张是必然趋势。2017 年 1 月 7 日，国务院国资委发布《中央企业境外投资监督管理办法》（国资委令第 35 号），对国有企业在海外投资的投前、投中及投后全流程提出了一系列严格要求。

有效管控海外投资，提升“走出去”海外并购重组、资本整合能力的要点包括以下内容：

——把握由中国资本撬动的全球并购新浪潮，适时调整全球化海外并购战略，适应国际竞争商业环境变化。

制订全球化战略需要对企业对外部市场的吸引力和自身竞争力进行分析，在海外市场收集信息极为困难、复杂。国有资本投资、运营公司在海外并购过程中，目标筛选、尽职调查、交易谈判等必须基于对新的商业环境和目标公司的充分了解，避免或控制盲目决策风险。

——明确利益优先级，制订切实可行的海外并购后资本整合目标，避免海外并购目标不切实际而导致并购价格过高的风险。

——科学设计海外并购风险管控体系，提升海外投资全面风险管理与评估能力。

——提升海外投资和跨文化差异管控创新能力。

——在投后整合过程中，储备投资、资本运营、管控等方面的高端人才，打造具备国际业务、资本整合能力的团队组织。

——管控好海外被并购公司的相关利益方和跨文化差异带来的文化冲突，尽可能保留原有管理团队和员工，实施本土化战略，促进跨文化融合等。

第二十九讲　完善现代企业法人治理能力

党的十八届三中全会以来，我国国资监管加快从“管企业”到“管资本”的转变，管好国有资本布局、规范国有资本运作、提高国有资本回报、维护国有资本安全的根本目标就是“做强做优做大国有资本”。

完善现代企业法人治理能力建设包括以下几个要点：

——准确界定国有企业的不同功能，将国有企业基本划分为商业一类、二类和公益类三大类，分类推进国有企业改革。

——全面推进规范董事会制度建设，清晰界定国资监管机构与董事会的职能、划分权利清单，使董事会真正成为企业的决策主体。

——完善公司治理，形成有效制衡的公司法人治理结构，提高集团总部科学决策水平。

——二级控参股公司搭建国有资本运营平台，改组组建国有资本投资、运营公司，以管资本为主加强国有资产监管，完善国有资本运营体制。

——落实董事会职权，推行职业经理人制度，市场化选聘经营管理者。

——坚持稳固党组织公司法人治理主体地位，将党建写入公司章程。

——推进供给侧结构性改革、结构调整和战略重组等，实现国有资本产业布局、区域布局和企业布局的不断优化。

第三十讲　内控能力、风险控制能力

国有资本投资、运营公司的核心风险主要来自以下两个方面：

一是境内资产重组或海外并购投资项目风险。具体包括战略风险、经营风险和海外融资风险等。海外资本投资运营具有投入大、周期长的特点，中国国有资本投资意愿高涨、投资规模迅速扩大，须同时重视日益复杂的海外投资环境。一些地区政局不稳，如中东、北非局势动荡，已经让该地区进行过大量投资、工程承包、基础设施建设的中国企业蒙受重大经济损失。

二是国有资产流失风险。国有资本投资、运营公司拥有国家授予的国有资产所有权，承担国家政策性投资和国有资产保值增值的双重职能和特殊使命。当前，国有资本投资回收和退出机制不健全，如果没有后续资金来源，先期投资难以回收，投资公司可能成为被动的国有资产管理和经营公司，极易产生国有资产流失风险等。

基于此，加强内部控制与风险管理控制能力建设，提升国有资本投资、运营风险控制能力，直接关系国有资本的保值增值。核心要点主要包括以下方面：

——提高国有资本投资、运营公司集团层面、下属各控参股子公司出资企业的内控、风险管控意识。

——集团层面建立有效的内控制度体系，逐层级推进内控、风险管控技术手段和体系建设，提升整体风险防控能力。

——全面优化风险管理流程，构建全面的风险管理体系，增强内控、风险管理控制的能力，提升内控、风险控制管理水平。

——建立风险评估预警体系、海外保险体系与风险补偿机制。对所投资国家或地区的经济状况、投资环境、产业发展及市场情况加强风险评估与管理，建立风险评估预警体系、海外保险体系与风险补偿机制，提高国内整合重组、海外投资的成功率和收益率。

第三十一讲 体制机制、管理创新能力

国有资本投资、运营公司的管理创新就是把新的管理思想、管理制度、管理技术（包括管理方法、管理手段、管理模式等）或技术组合引入企业管理系统，实现集团战略发展的目标。

国有资本投资、运营公司的管理创新涉及三个方面，如图 5 - 3 所示。

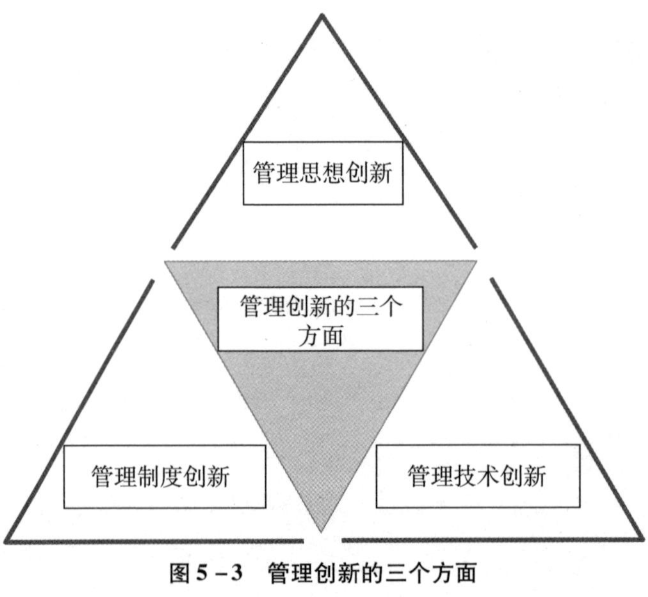

图 5 - 3 管理创新的三个方面

资料来源：仁达方略。

管理思想创新、管理制度创新、管理技术创新是管理创新的三个重要方面，相互渗透，互为支撑，互为动力，推动管理创新能力持续提升。

国有资本投资、运营公司推进体制机制创新的主要内容包括以下三个方面：

一是对市场的应变能力。产品随市场的变化而变化，销售随市场的变化而变化，服务随市场的变化而变化，决策随市场的变化而变化。

二是内在的发展动力。加快企业的发展、地方的发展，有自觉的、主动的、持久的活力。

三是调动人的积极性的机制。用工制度、分配制度、奖惩制度都要有利于调动人的积极性，奖勤罚懒，优胜劣汰。

如何增强体制机制的创新能力？

首先，建立以市场配置资源为主的管理体制，充分发挥市场配置资源的作用，土地、矿藏、资金、资产、劳动力、技术、人才等资源，主要依靠市场来配置。

其次，建立完善合理的所有制结构体制。坚持有所为、有所不为，一般竞争性领域，让市场去选择投资者，在市场中实现优胜劣汰。对垄断行业也要放宽市场准入，引入竞争机制，积极推行投资主体多元化。

再次，营造有利于非公有经济发展的良好环境。在市场准入、审批办照、待遇、服务等方面，都要创造宽松、良好的发展环境，加快非公有经济的发展。

最后，转变政府职能，减少审批项目，简化审批程序，把政府的经济管理职能转到主要为各类市场主体服务和建立健全与市场经济相适应的体制、政策、法律环境上，完善市场体系，规范市场法规，改善市场环境，加强市场硬件建设，拓宽市场运作领域，营造有竞争力的投资、创业和发展环境。

改组组建国有资本投资、运营公司，打造具有全球竞争力的世界一流企业，在管理创新方面，要将着眼点放在体制机制创新、产业技术模式创新与管理创新等方面。具体包括以下几个方面：

——体制机制创新强企。通过深化国企国资改革，完善现代企业制度，构建“三层架构”国资监管制度框架，推动机制创新，增强国有企业的活力和竞争力。

——核心关键技术创新强企。加快在“关键共性技术、前沿引领技术、现代工程技术、颠覆性技术”等方面实现创新突破。

——产业模式创新强企。加快产业结构转型升级，向全球价值链高端攀登。

展望篇

国企打造升级版，着力点从企业到资本

一、党的十九大后国企迈入高质量发展新阶段

2017 年是供给侧结构性改革深化之年、国企国资改革落地见效之年。《国务院国资委以管资本为主推进职能转变方案》，强化了 3 项管资本职能，精简了 43 项监管事项。

2017 年 1 月，国务院国资委召开中央企业、地方国资委负责人会议，会议强调，2017 年国企国资改革发展的主要目标是，央企利润总额力争同比增长 3%、努力达到 6%，国有资本保值增值水平稳中有升，资产负债率继续下降，盈利能力不断增强。

截至 2017 年 12 月，中央企业集团层面公司制改制方案已全部批复完毕，各省级国资委出资企业改制面达到 95.8%。87 家中央企业建立了董事会；在重点领域确定 3 批 50 家混合所有制改革试点企业，中央企业中已开展混合所有制改革的企业户数占比达 68.9%。成功实施 3 组 7 家企业重组，监管的中央企业户数由 2003 年的 196 家调整至 98 家；中央企业集团层面和 31 家省级国资委出资企业功能界定与分类工作已经完成。

混合所有制改革是国企改革的重要突破口，实质是产权制度改革，是一场深层次的改革。2018 年，国资委进一步放权、授权，使所有权与经营权进一步分开。作为国有资本市场化运作的专业平台，国有资本投资、运营公司改组组建的步伐进一步加快，运营模式进一步得到明确，国企将迈入高质量发展新阶段，迎来全面改革施工期。

党的十九大报告和中央经济工作会议明确要求，从做强做优做大“国有企业”变为做强做优做大“国有资本”，对国有资产、国有资本、国有企业改革提出新任务，以授权经营体制为主的国资改革将成为新一轮改革的“牛鼻子”。国有资本监管权力和责任清单出台后，放权、授权范围将进一步细化和扩大。同时，监管机构也在酝酿国有资本投资、运营公司试点改革方案等一系列政策，相关公司组建势必加快，综合性改革将深化。

以发展混合所有制经济促进国有企业转变经营机制，以授权经营完善国有资本管理体制。这两件事情都是为了解决市场主体的活力问题，也就是动力问题。活力越强，动力越强。

完善国有资本授权经营体制，就是转变国有资产监管机构职能和转换管理方式，为提升国有资本效率和释放国有企业活力创造前提条件，把经营权交给企业，为做强做优做大“国有资本”提供基础，着力点在于国有资本投资、运营公司。把做强做优做大“国有企业”改成做强做优做大国有资本，也是为了提升资本的流动性，实现国有经济结构布局优化。

发展混合所有制经济，促进国有企业转变经营机制，是为了增强企业活力，是传统国有企业成长为具有全球竞争力的世界一流企业的重要途径。由中国联通的混改经验得知，国有企业要成为具有全球竞争力的世界一流企业，混合所有制改革将发挥关键性作用。

换一个说法，也叫牵住两个“牛鼻子”，即以发展混合所有制经济牵住国企改革的“牛鼻子”，以完善授权经营体制牵住国资改革的“牛鼻子”。牵住了这两个“牛鼻子”，国资国企改革的局面就打开了。

综上所述，未来国企国资改革，国有资本授权经营体制改革——国资改革的基本定位将被摆在突出位置，以管资本、改革国有资本授权经营体制为核心，进一步放权、授权，建立国有资产管理三层框架，把权力授给投资、经营公司与实体公司，所有权和经营权将进一步分离，作为国有资本市场化运作的专业平台，两型公司改组组建的步伐进一步加快，运营模式也将更加明晰化①。

2019 年中央企业将打造国有资本投资、运营公司升级版。

二、混合所有制改革积极推进

截至 2017 年年底，我国已经确定了 3 批共 50 家试点企业，主要涉及石油、天然气、电力、电信、交通、民航和军工方面等重点领域。其中，前两批共 19 家，7 户已经完成引入战略投资者、重组上市、设立新公司等工作，引入各类投资者 40 多家、资本超过 900 亿元。2017 年年底新确定了第三批试点企业，包括 10 户中央企业和 21 户地方国有企业②。

实施混改上市公司占比情况如图 6－1 所示。

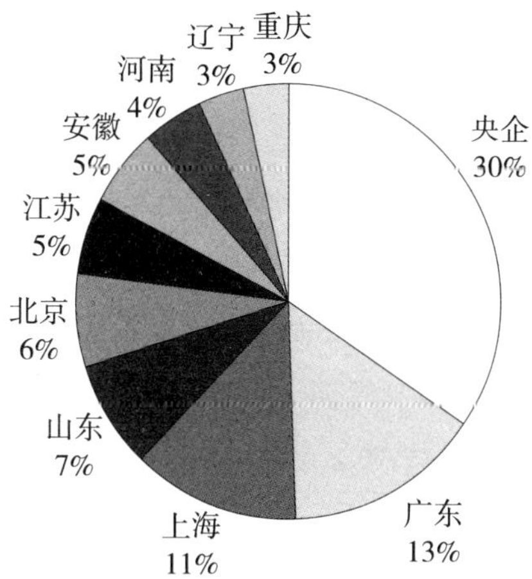

图 6－1　实施混改上市公司占比情况

图 6－1 显示：实施混改的上市公司中，央企约占 30%，广东省属国有企业约占 13%，上海市属国有企业约占 11%，总体呈央企领头、地方国

① 中国证券网．国企国资改革将打造升级版—系列政策正在酝酿［EB/OL］.（2018－01－02）［2018－08－10］. http：//news. cnstock. com/news，bwkx－201801－4170820. htm.

② 搜狐．国资委：第三批混改试点企业正在制定实施方案［EB/OL］.（2018－02－01）［2018－03－10］. http：//www. sohu. com/a/220199399_ 379902.

有企业混改加速的态势。

国资委披露数据显示，2017 年，中央企业新增混合所有制企业户数超过 700 户，中央企业已开展混合所有制改革的企业户数占比为 68.9%，通过资本市场引入社会资本超过 3386 亿元。半数以上的国有资本集中在公众化的上市公司，前两批混改试点企业通过混改引入各类资本约 3000 亿元；10 户开展员工持股试点的央企子公司已完成员工出资入股和工商登记；21 个省（市）属 126 户企业开展了员工持股试点。

2017 年央企混改多在子公司、孙公司层面有所进展，一旦所有央企集团及其子公司完成了公司制改造，就真正具备了混合所有制改革的基础，为集团层面混改扫清了障碍，混改在诸多领域将迈出实质性步伐。

中国联通上市公司通过股票市场增发引入了中国人寿、腾讯、百度、京东、阿里巴巴、苏宁、国企结构调整基金等战略投资者，中国联通已公告董事会改选方案，8 名非独立董事中有 4 名来自 BATJ（百度、阿里巴巴、腾讯、京东）四大民营互联网企业。

东方航空物流有限公司（简称东航物流）通过产权市场公开融资 22.5 亿元，吸引了德邦物流股份有限公司（简称德邦）、普洛斯投资（上海）有限公司等行业龙头企业成为战略投资者，联想集团、绿地集团等民营资本成为财务投资者。同时引入核心员工持股形成利益共同体，推进三项制度改革，对职业经理人和员工全面实行市场化薪酬体系和考核分配机制，为建立股权结构均衡、法人治理健全的现代企业制度夯实了基础。2017 年，其经营效率显著提升，利润总额同比增长 62.78%。

2018 年，各类混改企业户数占比如图 6－2 所示。

图 6－2 显示，从企业类别看，商业一类企业（主业处于充分竞争行业和领域的商业类国有企业）混改程度最高，混合所有制企业户数占比达 73.60%。商业二类企业（主业处于关系国家安全、国民经济命脉的重要行业和关键领域，主要承担重大专项任务的商业类国有企业）混改程度次

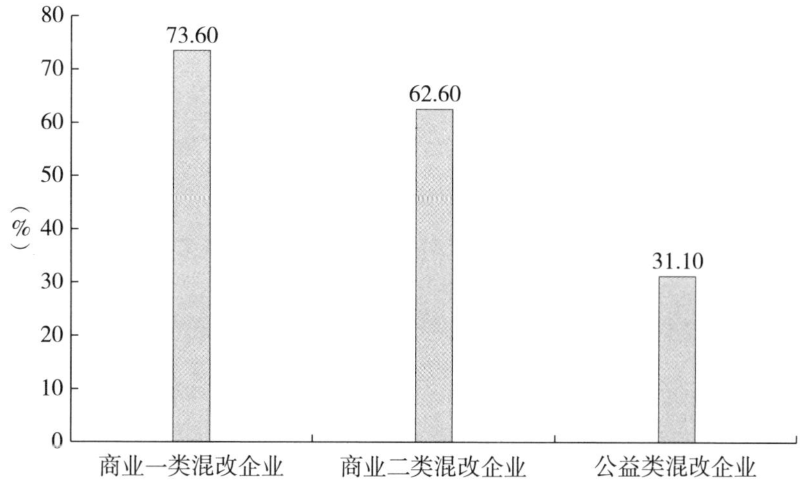

图 6－2　各类混改企业户数占比

之，占比为 62.60%。公益类混改企业最低，占比为 31.10%。

从行业分布看，房地产、建筑、建材、通信、矿业等 5 个行业的企业混改程度较高。

从未来发展趋势看，中央企业混合所有制改革将充分发挥市场机制作用，坚持因地施策、因业施策、因企施策，宜独则独、宜控则控、宜参则参，不搞“拉郎配”，不搞全覆盖，不设时间表，一企一策，成熟一个推进一个。推动混合所有制企业引入资本，不断完善企业法人治理结构、健全市场化经营机制，促进国有企业转换经营机制，放大国有资本功能，实现国有资产保值增值。

三、上市公司成为中央企业混改的主要载体

2013 年以来，中央企业及中央企业控股上市公司共实施 IPO（首次公开募股）、增发、配股、发行优先股和可转债等融资事项 266 项，央企控股上市公司共实施资产重组事项 75 项，累计注入资产规模 5814 亿元。到 2017 年年底，中央企业各级子企业，包含 98 家中央企业集团公司，基本

完成了公司制改制，超过三分之二的企业引进各类社会资本实现了混合所有制。

据统计，2012 年至 2017 年 6 月底，中央企业控股上市公司从 378 户增加到 390 户，中央企业控股上市公司资产总额、净资产、营业收入、利润总额分别占整个中央企业的 63.7%、60.8%、61.1%、84.8%。

总体上看，中央企业在产权层面与社会资本实现了较大范围的混合，上市公司已经成为中央企业混合所有制改革的主要载体①。

① 和讯名家. 上市公司已成央企混改主要载体，这些行业机会较大！[EB/OL].(2018-02-01)[2018-04-10]. http://stock.hexun.com/2018-02-01/192371486.html.

央企试点新探索

中央企业，在关系国家安全和国民经济命脉的主要行业和关键领域占据支配地位，是国民经济的重要支柱。

2018 年 2 月，中国核工业集团有限公司（简称中核）与中国核工业建设集团有限公司（简称中核建）的重组方案获得通过，成为能源行业继中电投资集团与国家核电、中国国电集团与神华集团合并后，第三例能源行业央企的重组。截至 2018 年 3 月，我国央企数量已减至 97 家。

其中，49 家中央企业为中管（副部级）央企，领导班子由国资委企业领导人员管理一局管理（其中，领导班子正职由中国共产党中央委员会组织部任命），其余 48 家中央企业为司局级央企，领导班子由国资委企业领导人员管理二局管理。

按照党的十九大报告提出的明确要求，此后进行的央企重组整合要适应新形势、新要求，把握工作重点。

首先，要在数量上有增有减，即以国家战略为导向，注重强强组合，战略性、行业性重组，做到合理“减”；其次，要根据国家战略需要，通过行业体制改革等途径，组建新企业，实现有效“增”；最后，要继续聚焦于深化供给侧结构性改革，继续推动煤炭、电力、装备制造等行业加大去产能力度，提升行业集中度，实现产业有序发展①。

① 徐夷．最新 97 家央企名录，49 家中管（副部级）央企，48 家司局级央企［EB/OL］．(2018－02－23)［2018－03－07］．http：//www. sohu. com/a/223656445_ 505851.

2015—2018 年实施重组的中央企业如表 6－1 所示。

表 6－1　2015—2018 年实施重组的中央企业

公布时间	企　业	描　述
2015－06－01	中电投资集团	联合重组为国家电投
	国家核电	
2015－08－06	北车集团	南车集团注销，北车集团更名为中国中车集团
	南车集团	
2015－12－01	南光（集团）有限公司	实施重组
	珠海振戎公司	
2015－12－08	中国五矿集团	中国中冶整体并入中国五矿集团，成为其全资子企业，不再由国资委直接监管
	中国中冶	
2015－12－11	中国远洋运输（集团）总公司	2016 年 2 月，两公司重组为中国远洋海运集团有限公司（简称中国远洋海运集团），在上海挂牌成立
	中国海运（集团）总公司	
2015－12－29	中国外运长航集团有限公司	中国外运长航集团有限公司整体并入招商局集团
	招商局集团	
2016－07－11	中国港中旅集团公司	中国国旅集团有限公司整体并入中国港中旅集团公司，成为其全资子公司
	中国国旅集团有限公司	
2016－07－15	中粮集团	中纺集团整体并入中粮集团，成为其全资子公司，不再由国资委监管
	中纺集团	
2016－08－12	中国建筑材料集团有限公司	重组为中国建材集团有限公司
	中国中材集团有限公司	
2016－09－22	宝钢集团	重新组建为中国宝武钢铁集
	武钢集团	

续 表

公布时间	企　业	描　述
2016－11－23	中国储备粮管理集团有限公司（简称中储粮）	中储棉整体并入中储粮，成为其全资子公司
	中国储备棉管理集团有限公司（简称中储棉）	
2017－06－29	国机集团	恒天集团整体并入国机集团，成为其全资子公司
	中国恒天集团有限公司（简称恒天集团）	
2017－08－21	保利集团	中国轻工集团公司、中国工艺集团有限公司整体并入保利集团，成为其全资子公司
	中国轻工集团公司	
	中国工艺集团有限公司	
2017－08－28	中国国电集团	合并重组为国家能源投资集团有限责任公司
	神华集团	
2018－01－31	中核	中核建整体无偿划转进入中核
	中核建	

资料来源：国际能源网。

案例一　中粮集团改组国有资本投资公司的做法

中粮集团是中央企业改组国有资本投资公司的试点龙头。2016 年 7 月，“中粮方案”全面启动，主要围绕“产业链专业化”“用人市场化”进行。

（1）实施“小总部，大产业”，重建集团管控模式，从“管资产”向“管资本”转变。中粮集团总部负责国有资本的配置与监管，通过瘦身健体，总部职能部门从 13 个压缩到 7 个，人员从 610 人调整至 240 人之内；总部向专业化公司充分下放用人权、资产配置权、生产和研发创新权、考核评价权和薪酬分配权五大类关键权力，将资产运营职能全部下放至专业化公司。

（2）2016 年，中粮集团将原 9 大板块改组为 18 家专业化公司，形成了“集团总部资本层—专业化公司资产层—生产单位执行层”三级架构“中粮模式”，如图 6－3 所示。

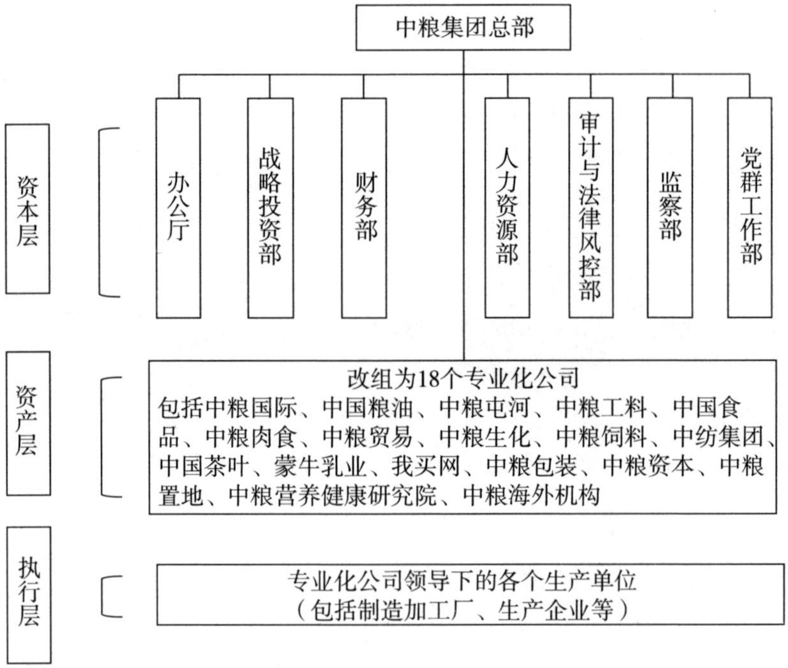

图6－3　三级架构“中粮模式”

“中粮方案”的核心要点如下①：

（1）打造国际大粮商的发展战略基本定型。进一步厘清了定位、明确了战略，提出了“一个主体”“三大平台”“四种作用”“三大发展目标”“321155”经营目标、“3579”经营能力等核心指标，确保要巩固行业领导地位，服务国家宏观调控目标，打造中国的国际大粮商。

（2）管资本与管资产分设职能基本定型。2017年上半年，中粮集团的管理架构设置和人员分流基本完成，总部职能部门人员由610人减至234人，减幅达62%。专业化公司职能部门编制1184人、减少804人。中粮集团总部将重点发挥“投融整”职能，更大范围地整合农业经营资源。18家专业化公司的改革重点将转向职能部门与生产企业、区域性公司的职能

① 中粮．“中粮方案”基本定型［EB/OL］.（2017－07－26）［2018－03－01］. http：//www.cofco.com/cn/indexsecond/2017/0726/46583.html.

划分，扶植发展核心企业和核心产业。

（3）专业化商业发展模式基本定型。专业化公司（平台）明确专业化经营的发展道路和产供销一体化商业模式，深度推动由管理一体化向资产一体化迈进，致力打造责权利一体、产供销一体、人财物一体的独立市场竞争主体。

（4）企业化、市场化、多元化混改方向基本定型。中粮集团把多元混改作为改革抓手，以完善现代企业制度、混合所有制改革和员工持股为重点，正在全力推进各项工作。未来，18 家专业化公司都将是独立法人和多元主体。

（5）国有资本监管体系基本定型。整合四个链条的大风控体系，构建“审计直管、纪检专设、财务统一、董事专职”四条监督线，管资本防流失，管风险保增值，管纪律防腐败，并通过 ERP（企业资源计划）系统建设，实现系统化、智能化、可视化，确保“看得见、管得住、审得清”，破解“一放就乱、一管就死”的难题。

“中粮方案”的实施，使中粮集团真正改组为一家全面市场化、国际化的国有资本投资公司，为国家粮食安全和食品安全战略做出贡献。

案例二　国投改组国有资本投资公司核心要点

国投按照“一企一策、试点先行”的原则，分类授权，推动子公司成为独立的市场主体。

国投主要选取了外部条件、公司治理、人才队伍建设和企业竞争力 4 个维度的 14 个指标，对所有二级子公司进行了全方位的测评，将子公司划分为充分授权、部分授权、优化管理三类[①]。其中，对国投电力、国投高新开展充分授权试点改革，将《中华人民共和国公司法》规定的选人用人

① 经济日报．国家开发投资公司：树立国有资本投资公司改革标杆［EB/OL］.（2017－09－12）［2017－11－12］. http：//cpc. people. com. cn/n1/2017/0912/c412690－29530348. html.

权、自主经营权、薪酬分配权等70多个事项授权国投电力董事会和国投高新董事会决策，推动决策责任归位和管理责任到位，实现资本权利上移、产业经营责任下沉。对国投矿业、国投交通、国投资本等9家子公司提出授权清单，实行授权管理。

与此同时，国投通过推行股权董事制度，做实子公司董事会，推动子公司董事会成为决策和责任主体，确保授权“授得下、接得住、行得稳”。

国投改组国有资本投资公司核心要点包括以下内容：

（1）打造具有国际竞争力的一流国有资本投资公司。集团发展目标为：快速向运作市场化、股权多元化的投资控股公司方向发展，五年内成为国内一流的国有资本投资控股公司，十年内成为世界一流的投资控股公司。

（2）公司使命、愿景明确。公司使命是“为出资人、为社会、为员工”，丰富了“以人为本”的内涵。愿景是“拥有一流的投资企业、一流的管理团队、一流的管理手段，发展成为国际一流的国有资本投资控股公司”。

（3）实行以资本为纽带的母子公司管理体制。构建母子公司基本框架和管理制度，推行公司制改造，建立科学的法人治理结构。建立适合投资控股公司特点、适应市场化运作的管理体制和经营机制，建立“母公司—子公司—投资企业”三个层次的管理架构。

（4）总部定位于战略决策中心、财务控制中心和资本经营中心。打造“小总部、大产业”的管控格局。总部下放部分职权，整合部分职责，推动服务共享，加强战略决策、资源配置、资本运作、监督评价、党的建设五大核心职能。

（5）打造在资本市场上的旗舰企业。以国际一流投资公司为标杆，不断梳理业务发展思路，优化业务布局，培育公司核心竞争力。

（6）在国民经济发展、国有经济布局结构调整中发挥投资控股公司的独特作用。完成所承担的保证国家重点建设、发挥中央投资导向作用、提高投资效益等重要使命。从政策性投资机构向社会主义市场经济条件下具有中国特色的商业化运作的投资控股公司转变。

（7）实施“走出去”战略，积极开展国际业务，与国际一流公司合作，成为国有资产经营平台。

（8）扶贫开发，承担更多社会责任。国投成立了由董事长任组长的扶贫开发领导小组，负责扶贫开发工作总体决策部署。2016 年国投制订了《国家开发投资公司定点扶贫工作五年规划》，提出“亿万千百十”总体思路，探索出定点扶贫、教育扶贫、专项扶贫、工程扶贫、基金扶贫、干部扶贫六大扶贫模式。

（9）构建实业经营、金融服务业、国有资产经营“三足鼎立”的业务框架。其中，实业重点投向电力、煤炭、港航、化肥等基础性、资源性产业及高科技产业；金融服务业重点发展金融、资产管理和咨询业务。

案例三　招商局集团放权 39 项，引入个人跟投机制

招商局集团是中央直管的国有重要骨干企业，业务主要集中于交通（港口、公路、航运、物流、海洋工业、贸易）、金融（银行、证券、基金、保险）、地产（园区开发与房地产）三大核心产业，并正实现由三大主业向实业经营、金融服务、投资与资本运营三大平台转变。

截至 2016 年年底，招商局集团旗下共拥有控股上市公司 11 家、参股上市公司 36 家，集团 95% 以上的资产已分布在上市公司。2016 年，集团来自所属上市公司的营业收入和利润分别约占集团的 85% 和 94%[①]。

招商局集团改组国有资本投资公司的做法如下：

（1）集团总部给二级公司及其董事会放权 39 项。招商局集团总部持续加大对下属二级公司及其董事会的放权和授权力度。2015—2016 年，总

① 人民网．招商局集团李建红：全力打造世界一流企业［EB/OL］.（2017 - 10 - 13）［2017 - 11 - 11］. http：//www. fangtan. org. cn/biz/2017 - 10/13/content_ 578. html.

部累计调整下放投资管理、人事管理等方面的关键权力39项，二级公司在投资、融资、工资总额等环节的自主权进一步扩大，市场主体地位进一步强化。

（2）在创新性领域引入个人跟投机制。招商局集团的代表动作是在创新性领域引入个人跟投机制。完成某一项目决策之后，决策者实行跟投或反向跟投，员工自愿跟投，失败了与公司共同承担责任，成功了按比例分享收益。此举可以充分调动公司上下的积极性，实现国有资产保值增值。

此外，招商局集团总部作为国有资本投资公司，目前没有推行混合所有制的计划，但集团下属二级公司原则上要全部实行混合所有制。

案例四　神华集团改组国有资本投资公司经验

神华集团是一家国有特大型综合能源企业，2016年7月被国务院国资委确定为开展国有资本投资公司试点中央企业，大力实施“1245”清洁能源发展战略。

神华集团根据《中共中央关于全面深化改革若干重大问题的决定》《中共中央、国务院关于深化国有企业改革的指导意见》（中发〔2015〕22号）等政策，相继出台了“36条实施意见”“55条指导意见”，对如何开展国有资本投资公司试点改革进行相应的指导。

核心要点包括以下几个方面：

（1）神华集团改建为国有资本投资（控股）公司后，集团总公司职能包括出资人职能、战略管控职能、资本运作管控职能、业务经营发展管控职能、考核与激励管控职能和协调服务职能等。

（2）集团总公司对下属子公司，按照“遵循治理结构、依据管理流程、实现权责匹配、控制风险因素、提高管理效率”原则，在完善母、子公司法人治理结构的基础上，以产权为核心，从制度和流程管控、战略管控、资本运作管控、人力资源管控、财务管控、经营计划和预算管控、日常经营业务管控、审计与风险管控、科技发展管控、信息管控等方面强化企业管理。

（3）以股权为纽带，完善公司治理；以相关产业经营和资本运作为主，加强战略管控，建立薪酬激励考核机制等，形成“小总部、大服务”的“混合型管控模式”。

地方省（市）属国企混改新进展

一、天津市：国企混改关键在于发挥企业家作用

天津市国资委认为，国企混改关键是按照十九大确定的深化国有企业改革的方向和路径，发展混合所有制经济，培育一批具有核心竞争力和国际影响力的大型企业集团，充分发挥企业家作用①。

换句话来讲，国企混改推进力度、进度及成效如何，关键要看企业家作用能否充分发挥，能否培育一批真正的企业家。

1. 天津市属国资国企情况

天津市属国有企业主要分布在工业、商贸、投资、基础设施、公用事业和金融等领域，其中，资产规模超千亿元的集团有 14 家，进入《财富》中国 500 强（2017）的企业有 13 家，天津物产集团位列《财富》世界 500 强（2017）第 129 位，提升了 287 位。

截至 2016 年，天津市属国有企业资产总额接近 3 万亿元，年均增长 20%，所有者权益和主营业务收入突破 9000 亿元，利润年均增长 14.3%，资产总额和利润总额在全国分列第 2 位和第 3 位，其中利润总额排名提高了 7 位。

2. 天津市混改政策及重大举措

按照中央和市委、市政府的部署，天津市制定发布国企改革“1 +30”

---

① 北方网. 市国资委党委书记、主任彭三：国企混改关键在于发挥企业家作用［EB/OL］.（2016 - 03 - 08）［2016 - 04 - 03］. http：//baijiahao. baidu. com/s? id = 1587729852712338373&wfr = spider&for = pc.

文件体系，推出“三个一批”“四项重点”、混改转制等重大改革措施。累计完成15个重组项目，整合组建了“十大集团”，市属集团减少了20家。处置“僵尸企业”和低效企业1200多户。500多户国企完成产权多元化改革，引进社会资金700亿元，17户国企实现上市挂牌，国有资本证券化率提高近20个百分点。

2016年9月，天津市国资委发布《关于对天津市国资监管清单部分事项进行修改的通知》（津国资法规〔2016〕30号），调整《天津市国资监管清单》部分事项如表6－2所示。

表6－2 《天津市国资监管清单》调整的部分事项

监管清单	事项	子项	修改	法律制度依据	适用对象
审核、核准、事前备案、决定事项	一般产权管理事项	转让所持国有产权审核	调整监管具体内容	•《中华人民共和国公司法》 •《中华人民共和国企业国有资产法》 •《企业国有资产监督管理暂行条例》 •《企业国有产权转让管理暂行办法》（国务院国资委令第3号） •《企业国有资产交易监督管理办法》（国务院国资委 财政部令第32号） •《天津市企业国有资产监督管理暂行办法》（市政府令88号） •市国资委关于贯彻落实《企业国有资产交易监督管理办法》有关事项的通知（津国资产权〔2016〕24号）	•转让国家出资企业产权 •转让主业处于关系国家安全、国民经济命脉的重要行业和关键领域，主要承担重大专项任务子企业的产权 •涉及关系民计民生、基础设施建设及对本市经济发展有重大影响的重要行业企业的重组整合，市管企业国有产权确需在国有及国有控股企业之间非公开协议转让的事项

续 表

监管清单	事项	子项	修改	法律制度依据	适用对象
审核、核准、事前备案、决定事项	一般产权管理事项	受让方资格条件设置事前备案	新增	•《企业国有资产交易监督管理办法》（国务院国资委 财政部令第32号） •市国资委关于贯彻落实《企业国有资产交易监督管理办法》有关事项的通知（津国资产权〔2016〕24号）	•天津市管企业转让国有产权时对受让方资格条件进行设置
事后备案、报告事项	一般产权管理事项	企业产权转让事项备案	取消	—	—
		企业非公开协议转让事项备案	增加	•《企业国有资产交易监督管理办法》（国务院国资委 财政部令第32号） •市国资委关于贯彻落实《企业国有资产交易监督管理办法》有关事项的通知（津国资产权〔2016〕24号）	•天津市管企业审批的非公开协议转让事项
		企业资产转让项目备案	增加	•《企业国有资产交易监督管理办法》（国务院国资委 财政部令第32号） •市国资委关于贯彻落实《企业国有资产交易监督管理办法》有关事项的通知（津国资产权〔2016〕24号）	•天津市管企业国有资产转让项目情况（包括产〔股〕权，除房产、在建工程及土地使用权外的实物资产）

资料来源：天津市国资委官网。

3. 混改面临的主要挑战

天津市属国企混改面临的主要挑战如图 6 –4 所示。

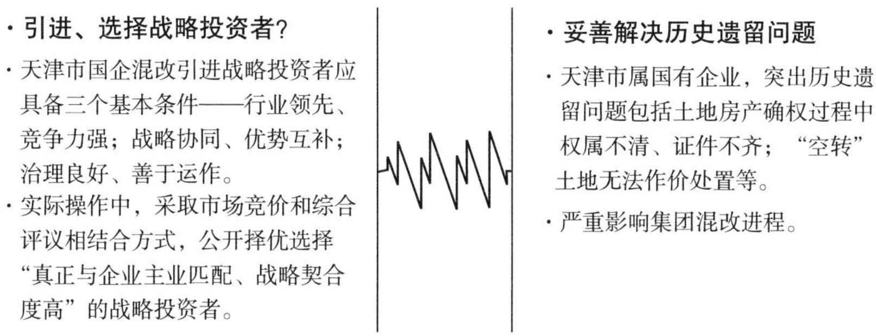

图 6 –4　天津市属国企混改面临的主要挑战

战略投资者是混改企业改良的“基因”，直接决定混改质量。市属企业发展不平衡、经济效益水平和整体实力不同，因此对混改合作对象的要求、混改路径方式的选择也不同。本轮国企混改的根本目的是引进真正的战略投资者，实现优势互补和机制创新，形成股权结构多元、股东行为规范、内部约束有效、运行高效灵活的经营机制。

如何引进选择战略投资者？

天津市国企混改，引进的战略投资者应具备三个基本条件，即行业领先、竞争力强；战略协同、优势互补；治理良好、善于运作。在战略投资者选择实际操作中，采取市场竞价和综合评议相结合的方式，公开择优选择真正与企业主业匹配、战略契合度高的战略投资者。

4. 取得的主要成就

一是市属国有资本集中度提高、竞争力增强。天津市属国有资本行业分布从 84 个收缩到 50 个，集中度提高到 88%，核心竞争力明显增强。

二是国资监管效能不断提升。市国资委以管资本为主加快转变监管职能，改革国有资本授权经营体制，改组组建了 3 家国有资本投资、运营公司；修订完善了《天津市国资监管清单》，将原有的审核、核准、事前备案、决定等事项调整为 14 大类 35 项；加强董事会建设，依法落实董事会职权，累计调整了市管企业董事 229 人次，派出外部董事 22 人次，建立规范的董事会市管企业比重达到 95%；加强外派监事会监督，发现问题和揭示风险点 1071 个，平均整改率达到 95% 左右，国资监管效能得到有效提升。

5. 值得借鉴的混改经验

天津市国资委推进混改的重点发力点如图 6－5 所示。

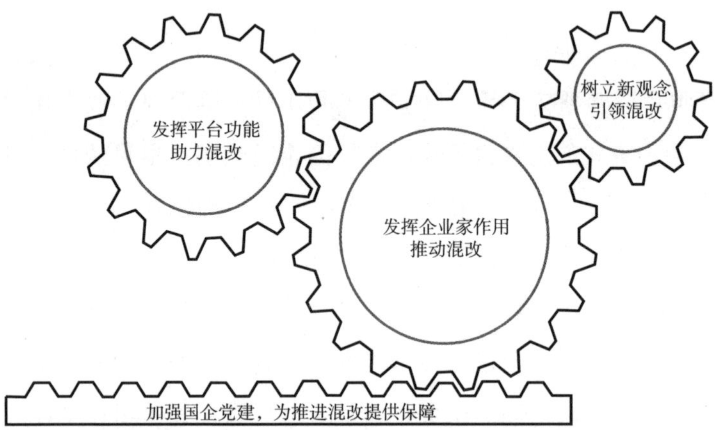

图 6－5　天津市国资委推进混改的重点发力点

（1）树立新观念引领混改。天津市国资委贯彻落实党的十九大精神，树立新观念，以新的发展理念指导混改，破解混改中的重点难点问题，既抓住了混改机遇，又避免造成国有资产流失。

（2）发挥企业家作用推动混改。企业家是企业的核心和灵魂、推动国企混改的主体和重要力量。混改的重要目标就是要培养一批德才兼备、善于经营、充满活力的优秀企业家队伍。

天津市委出台了鼓励发挥企业家精神的“天津 8 条”，尝试建立容错试错机制，营造尊重企业家价值、发挥企业家作用、鼓励企业家大胆改革创新的良好环境。以混改为契机，精心培育、精心呵护，打造出一批具有核心竞争力和国际影响力的大型企业集团。

（3）发挥平台功能助力混改。按照中央部署，天津市委、市国资委统筹安排，改组组建了3家国有资本投资、运营公司，各集团与平台公司、金融企业密切配合，解决了混改中的资金、股权、资产整合等问题，提升了国有资本运营效率、提高了国有资本回报、优化了国有资本布局，为推进混改创造了条件。

此外，天津市国资委党委加强混改国企党建工作，强化党组织管党治党的责任意识，发挥党委的政治核心作用；推进“两学一做”学习教育常态化制度化；加强国有企业领导人员队伍建设，制定企业领导人员分类分层管理意见和领导人员制式转换实施方案、制式转换工作指南等配套政策和相关措施，形成制式转换“1+N”体系文件，夯实基层党建基础，为国企混改提供了坚强的制度保障、组织保障。截至2017年6月底，41家市管集团和566家二级公司及以下企业（个别上市公司除外）全部完成公司章程修订。

二、上海市：鼓励非公资本更深层次参与国企混改

1. 国有资产资本化和证券化——上海深化国企改革的主线

上海市以上市为主渠道、以发展分众公司为主要实现形式，探索出一条国企混改的“上海路径”①。

具体而言，“整体上市或核心资产上市”“开放性市场化联合重组”“实施股权激励和员工持股”三大方面成为“上海路径”的集中体现。

① 宋薇萍．上海：鼓励非公资本更深层次参与国企混改［EB/OL］.（2017－05－31）［2017－07－03］. http：//finance. jrj. com. cn/2017/05/31204522555883. shtml.

2016年7月控股股东——华谊集团将三爱富（600636. SH）20%股权以18. 11亿元转让给央企——中国文化产业发展集团公司，并注入奥威亚和东方闻道等资产，转型进入文化教育领域。

2016年8月，上海市国资委将所持沪上老牌国企——上海纺织（集团）有限公司27. 33%股权、上海国盛（集团）有限公司所持上海纺织（集团）有限公司49%股权划转至东方国际（集团）有限公司，联合组建为一个新集团。

截至2016年年末，上海国资国企中，整体上市或核心资产上市的竞争类企业已占竞争类企业总数的2/3，包括上海国际港务（集团）股份有限公司、上海汽车集团股份有限公司、上海建工股份有限公司、上海交运股份有限公司、上海隧道工程股份有限公司、华建集团、绿地集团共7家国企完成整体上市，上海华谊（集团）公司、锦江国际（集团）有限公司实现核心资产上市，上海电气集团股份有限公司也通过核心资产注入，成为第八家整体上市企业。

此外，近40家上海实体企业通过挂牌新三板上市，资产证券化步伐加快。

2. 推动一批市场化联合重组项目

上海市除了推进国企整体上市外，还以产权为纽带，推进一批跨所有制、跨管理层级、跨行业、跨地域的重组项目。支持市属国有企业通过合资合作、战略联盟等方式，与各类所有制企业实施双向联合重组；鼓励非公有制企业参与国有企业改革，鼓励发展非公有资本控股的混合所有制企业。

上海市发改委已经遴选出第三批混改试点企业。第三批混改名单将放开10个试点，每个试点包括5～10家企业，无论是数量还是规模，都远超前两批，覆盖更多地方国企。

——“宝武整合”跨地域联合重组。2016年12月，中国宝武钢铁集团挂牌成立，宝武钢铁集团总资产超 7000 亿元，年产能达 6000 万吨，超越河北钢铁股份有限公司，成为中国第一大、全球第二大钢铁企业。

——上海国企跨行业、跨地域引入“战略投资者”。上海国企商业航母——百联股份（600827. SH）牵手阿里巴巴，进行“新零售”尝试。

上海市建筑科学研究院（集团）有限公司混合所有制改制增资——市重点混改项目。上海城投控股股份有限公司、宝业集团股份有限公司参与此次增资，分别持股 10%，中信资本控股有限公司旗下北京信润恒股权投资合伙企业（有限合伙）持股 5%。上述增资完成后，上海市国资委持股 40%，上海上实（集团）有限公司持股 25%，国新控股（上海）有限公司持股 10%。增资金额部分用于研发低碳、环保节能建筑和物联网等建设运营管理。

3. 突出“先混改，后员工持股”的思路

2017 年年初，上海市国资委发布《关于本市地方国有控股混合所有制企业员工持股首批试点工作实施方案》，将遴选 5 ~ 10 户企业开展首批试点，其中，市属一级企业原则上暂不开展员工持股试点。

试点企业应满足的条件包括：主业应处于充分竞争行业和领域；股权结构合理，非公有资本股东所持股份原则上不低于 10%，且公司董事会中有非公有资本股东推荐的董事；企业三会（股东会、董事会、监事会）、经理层健全，董事会运作规范高效；企业的营业收入和利润 90% 以上来源于其所在出资监管机构一级企业的外部市场。此外，科研院所、高新技术企业及科技服务型企业将被优先支持开展员工持股试点。

2017 年 6 月，上海市国资委发布《关于本市地方国有控股混合所有制企业开展第一批员工持股试点的通知》，将上海电气国轩新能源科技有限公司、上海齐程网络科技有限公司、上海久事智慧体育有限公司、上海新金桥环保有限公司 4 家企业，列入上海市地方国有控股混合所有制企业员工持股试点名单。

4. 上海市印发《关于创新驱动发展巩固提升实体经济能级的若干意见》

2017 年 5 月，上海市政府出台了《关于创新驱动发展巩固提升实体经济能级的若干意见》（沪府发〔2017〕36 号），明确推出 50 项措施，从改革创新、提质增效、政策突破等方面着力，巩固提升实体经济能级。

其明确指出，要促进各类所有制企业发展，要推动民营企业创新升级。加大普惠性政策力度，进一步消除制约非公经济发展的制度性障碍，放宽非公有制经济市场准入，激发企业家精神，支持民营资本进入医疗、养老、教育等民生领域，支持民营企业设立总部和功能性机构，鼓励非公有资本更深层次参与国有企业混合所有制改制。

对《关于创新驱动发展巩固提升实体经济能级的若干意见》的解读如图 6－6 所示。

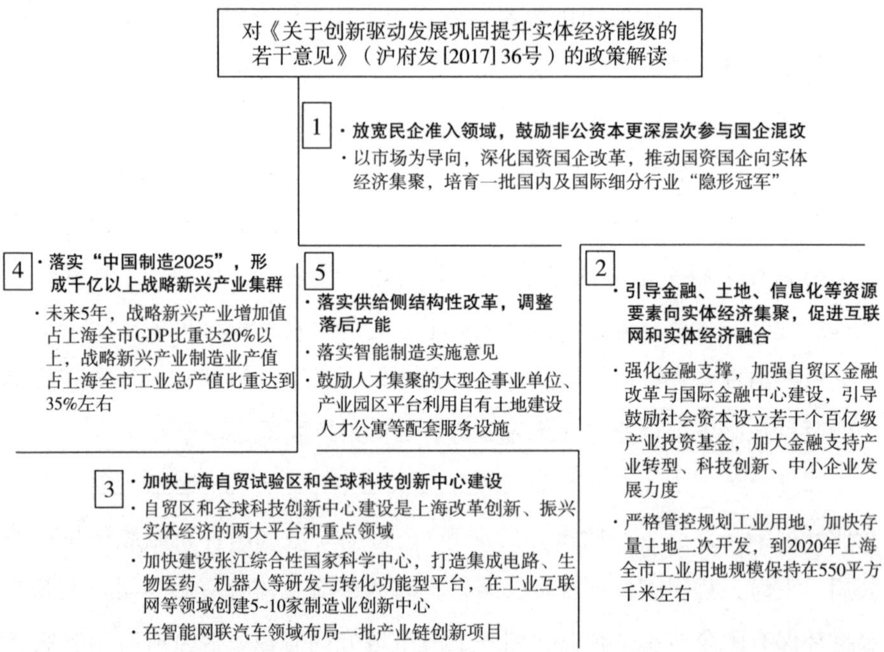

图 6－6　对《关于创新驱动发展巩固提升实体经济能级的若干意见》的解读

上海市将放宽民企准入领域，鼓励非公资本更深层次参与国有企业混合所有制改革，培育一批国内及国际细分行业的“隐形冠军”；以市场为导向，深化国资国企改革，推动国资国企向实体经济集聚。

三、重庆市：积极推动混改，10 家市属国企试点员工持股

2017 年，为做强做优做大国有企业，重庆市对接顶层设计，细化了国企国资改革“施工图”，推动国企集团层面混改，10 家企业试点员工持股[①]。

2017 年，重庆市制订了国企国资混改主要目标：市属国有重点企业利润总额增长 5%，上缴税费增长 5%，如图 6－7 所示。将改制上市、设立股权投资基金、规范推进市属国企 PPP（政府和社会资本合作）项目、企业集团层面混改等作为推进混改的主要抓手。

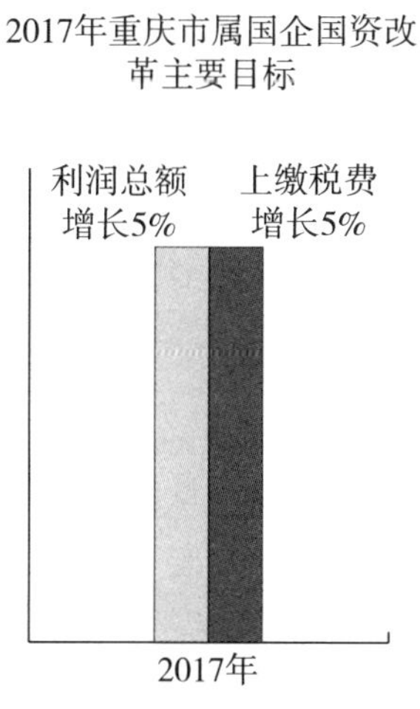

2017年重庆市国企国资改革完成情况

- 2017年，重庆市国资委监管的37户市属国有重点企业实现利润总额282亿元，同比增长4.4%。上缴税费252亿元，同口径增长10.7%
- 混合所有制改革方面，市属国有企业混合所有制比重达到50.9%
- 供给侧结构性改革方面，清理处置“僵尸企业”192户，压缩四级以下企业法人109户

图 6－7　2017 年重庆市属国企国资改革主要目标与完成情况

根据规划，重庆市着重从五个方面推进混合所有制改革，如图 6－8 所示。

重庆市在推进混合所有制改革的基础上，以增强市属国有企业活力

① 中证网．重庆：推动国企集团层面混改 10 家企业试点员工持股［EB/OL］．(2017－03－10)［2017－04－03］．http：//www. cs. com. cn/xwzx/201703/t20170310_ 5202774. html.

1. 坚持把改制上市作为发展混合所有制经济、推动国企股权多元化的重要路径

   充分利用境内外多层次资本市场，积极培育上市资源，推进适宜的国有企业实现上市。

2. 推动重庆市属国有企业集团层面的混合所有制改革

   股权多元化方面，在适宜股权多元化的市属国有工商企业集团层面，按照"既可引入央企、外地国企，也可引入民营资本、外资"原则进行混改，对二级以下企业积极引入非国有资本。

3. 规范推进重庆市属国企PPP项目

   支持和引导社会资本参与土地整治一级开发、高速公路、轨道交通、桥隧、供排水、污水处理及垃圾焚烧等公共设施领域项目开发建设。

4. 发挥好股权投资基金资本撬动作用

   重庆市属国企通过吸引非国有投资主体或非国有资本等，共同发起设立股权投资基金，组合引入保险资金、社保基金、私募基金等各类资本，投资战略性新兴产业及其他重大产业项目，参与国企改制、专业化重组等。

5. 稳妥推进员工持股改革试点

   在重庆市10家市属国有企业开展混合所有制企业员工持股试点工作。

图 6－8　重庆市着重从五个方面推进混合所有制改革

为重点，完善现代企业制度，推动企业运行机制市场化；推动企业实施精益管理，向管理要质量、要效益；转变职能，以管理资本为主加大国资监管体制机制改革，防范风险，防止国有资产流失。

2018 年，重庆市属国企国资混改的重点工作如图 6－9 所示。

具体做法如下：

（1）严格执行质量、环保、能耗、安全等法规标准，倒逼落后产能和无效供给退出。

（2）以改革激发国有、民营经济活力。

（3）完善国有资产管理体制，推进经营性国有资产集中统一监管。

（4）改革国有资本授权经营体制，深化投资、运营公司试点。

（5）推动国有资本向公共服务、重点基础设施、战略性新兴产业等领域集中，加快从一般竞争性领域有序退出。

（6）压缩国有企业管理层级，推进国企集团层面混合所有制改革，完善现代企业法人治理结构，健全市场化选人用人、业绩考核和薪酬分配机制。

瘦身健体，深化供给侧结构性改革	创新驱动，坚持市场导向增加有效供给
· 以供给侧结构性改革为主线，坚持问题导向，根据不同层面、不同类型及轻重缓急，绘制问题分类分层图谱，实行负面清单管理 · 把降低企业杠杆率作为重中之重，着力在换、转、展、消和严上下功夫。力争在降杠杆率、过去剩产能及房地产库存、清理处置“僵尸”“空壳”企业、压缩管理层级、剥离企业办社会职能等方面取得成效	· 市属国有企业作为创新主体、全市科技创新的主力军，发挥创新引领作用 · 坚持市场导向，围绕五大功能区域发展战略、市重大战略部署开展创新 · 推进分类创新，主要围绕智能化、互联网、云计算、大数据等加快技术创新和产品创新

股权多元化，有序推进混合所有制改革	全面从严治党，为国企改革发展强根固魂
· 坚持把改制上市作为发展混合所有制经济、推动国企股权多元化的重要路径，充分利用境内外多层次资本市场，积极培育上市资源，推进适宜的国有企业实现上市 · 推动企业集团层面的混合所有制改革 · 推进市属国企PPP项目，支持和引导社会资本参与基础设施领域项目开发建设 · 发挥好股权投资基金资本撬动作用 · 稳妥推进员工持股改革试点	· 健全完善党风廉政建设常态工作机制，构建不敢腐、不能腐、不想腐的体制机制 · 充分发挥国企党组织把方向、管大局、保落实的核心作用，真正把加强党的领导与完善公司治理统一起来 · 增强“四个意识”，特别是核心意识、看齐意识，使国企国资改革的各项工作符合中央的要求、符合重庆的实际

图 6－9　2018 年重庆市属国企国资混改的重点工作

（7）加快完善公平竞争的市场环境，依法保护非公有制企业和公民合法权益，坚决破除在产权保护、市场准入、要素配置、人才保障等方面的歧视性限制。

（8）鼓励民营企业参与国企改制重组，等等。

附　录

国务院关于推进国有资本投资、运营公司改革试点的实施意见

国发〔2018〕23号

各省、自治区、直辖市人民政府，国务院各部委、各直属机构：

改组组建国有资本投资、运营公司，是以管资本为主改革国有资本授权经营体制的重要举措。按照《中共中央国务院关于深化国有企业改革的指导意见》《国务院关于改革和完善国有资产管理体制的若干意见》有关要求和党中央、国务院工作部署，为加快推进国有资本投资、运营公司改革试点工作，现提出以下实施意见：

一、总体要求

（一）指导思想

全面贯彻党的十九大和十九届二中、三中全会精神，以习近平新时代中国特色社会主义思想为指导，坚持社会主义市场经济改革方向，坚定不移加强党对国有企业的领导，着力创新体制机制，完善国有资产管理体制，深化国有企业改革，促进国有资产保值增值，推动国有资本做强做优做大，有效防止国有资产流失，切实发挥国有企业在深化供给侧结构性改革和推动经济高质量发展中的带动作用。

（二）试点目标

通过改组组建国有资本投资、运营公司，构建国有资本投资、运营主

体，改革国有资本授权经营体制，完善国有资产管理体制，实现国有资本所有权与企业经营权分离，实行国有资本市场化运作。发挥国有资本投资、运营公司平台作用，促进国有资本合理流动，优化国有资本投向，向重点行业、关键领域和优势企业集中，推动国有经济布局优化和结构调整，提高国有资本配置和运营效率，更好服务国家战略需要。试点先行，大胆探索，及时研究解决改革中的重点难点问题，尽快形成可复制、可推广的经验和模式。

（三）基本原则

坚持党的领导。建立健全中国特色现代国有企业制度，把党的领导融入公司治理各环节，把企业党组织内嵌到公司治理结构之中，明确和落实党组织在公司法人治理结构中的法定地位，充分发挥党组织的领导作用，确保党和国家方针政策、重大决策部署的贯彻执行。

坚持体制创新。以管资本为主加强国有资产监管，完善国有资本投资运营的市场化机制。科学合理界定政府及国有资产监管机构，国有资本投资、运营公司和所持股企业的权利边界，健全权责利相统一的授权链条，进一步落实企业市场主体地位，培育具有创新能力和国际竞争力的国有骨干企业。

坚持优化布局。通过授权国有资本投资、运营公司履行出资人职责，促进国有资本合理流动，优化国有资本布局，使国有资本投资、运营更好地服务于国家战略目标。

坚持强化监督。正确处理好授权经营和加强监督的关系，明确监管职责，构建并强化政府监督、纪检监察监督、出资人监督和社会监督的监督体系，增强监督的协同性、针对性和有效性，防止国有资产流失。

二、试点内容

（一）功能定位

国有资本投资、运营公司均为在国家授权范围内履行国有资本出资人职责的国有独资公司，是国有资本市场化运作的专业平台。公司以资本为纽带、以产权为基础依法自主开展国有资本运作，不从事具体生产经营活动。国有资本投资、运营公司对所持股企业行使股东职责，维护股东合法权益，以出资额为限承担有限责任，按照责权对应原则切实承担优化国有资本布局、提升国有资本运营效率、实现国有资产保值增值等责任。

国有资本投资公司主要以服务国家战略、优化国有资本布局、提升产业竞争力为目标，在关系国家安全、国民经济命脉的重要行业和关键领域，按照政府确定的国有资本布局和结构优化要求，以对战略性核心业务控股为主，通过开展投资融资、产业培育和资本运作等，发挥投资引导和结构调整作用，推动产业集聚、化解过剩产能和转型升级，培育核心竞争力和创新能力，积极参与国际竞争，着力提升国有资本控制力、影响力。

国有资本运营公司主要以提升国有资本运营效率、提高国有资本回报为目标，以财务性持股为主，通过股权运作、基金投资、培育孵化、价值管理、有序进退等方式，盘活国有资产存量，引导和带动社会资本共同发展，实现国有资本合理流动和保值增值。

（二）组建方式

按照国家确定的目标任务和布局领域，国有资本投资、运营公司可采取改组和新设两种方式设立。根据国有资本投资、运营公司的具体定位和发展需要，通过无偿划转或市场化方式重组整合相关国有资本。

划入国有资本投资、运营公司的资产，为现有企业整体股权（资产）或部分股权。股权划入后，按现行政策加快剥离国有企业办社会职能和解决历史遗留问题，采取市场化方式处置不良资产和业务等。股权划入涉及上市公司的，应符合证券监管相关规定。

（三）授权机制

按照国有资产监管机构授予出资人职责和政府直接授予出资人职责两

种模式开展国有资本投资、运营公司试点。

（1）国有资产监管机构授权模式。政府授权国有资产监管机构依法对国有资本投资、运营公司履行出资人职责；国有资产监管机构根据国有资本投资、运营公司具体定位和实际情况，按照“一企一策”原则，授权国有资本投资、运营公司履行出资人职责，制定监管清单和责任清单，明确对国有资本投资、运营公司的监管内容和方式，依法落实国有资本投资、运营公司董事会职权。国有资本投资、运营公司对授权范围内的国有资本履行出资人职责。国有资产监管机构负责对国有资本投资、运营公司进行考核和评价，并定期向本级人民政府报告，重点说明所监管国有资本投资、运营公司贯彻国家战略目标、国有资产保值增值等情况。

（2）政府直接授权模式。政府直接授权国有资本投资、运营公司对授权范围内的国有资本履行出资人职责。国有资本投资、运营公司根据授权自主开展国有资本运作，贯彻落实国家战略和政策目标，定期向政府报告年度工作情况，重大事项及时报告。政府直接对国有资本投资、运营公司进行考核和评价等。

（四）治理结构

国有资本投资、运营公司不设股东会，由政府或国有资产监管机构行使股东会职权，政府或国有资产监管机构可以授权国有资本投资、运营公司董事会行使股东会部分职权。按照中国特色现代国有企业制度的要求，国有资本投资、运营公司设立党组织、董事会、经理层，规范公司治理结构，建立健全权责对等、运转协调、有效制衡的决策执行监督机制，充分发挥党组织的领导作用、董事会的决策作用、经理层的经营管理作用。

（1）党组织。把加强党的领导和完善公司治理统一起来，充分发挥党组织把方向、管大局、保落实的作用。坚持党管干部原则与董事会依法产生、董事会依法选择经营管理者、经营管理者依法行使用人权相结合。按照“双向进入、交叉任职”的原则，符合条件的党组织领导班子成员可以通过法定程序进入董事会、经理层，董事会、经理层成员中符合条件的党员可以依照有关规定和程序进入党组织领导班子。党组织书记、董事长一般由同一人担任。对于重大经营管理事项，党组织研究讨论是董事会、经理层决策的前置程序。国务院直接授权的国有资本投资、运营公司，应当设立党组。纪检监察机关向国有资本投资、运营公司派驻纪检监察机构。

（2）董事会。国有资本投资、运营公司设立董事会，根据授权，负责公司发展战略和对外投资，经理层选聘、业绩考核、薪酬管理，向所持股企业派出董事等事项。董事会成员原则上不少于9人，由执行董事、外部董事、职工董事组成。保障国有资本投资、运营公司按市场化方式选择外部董事等权利，外部董事应在董事会中占多数，职工董事由职工代表大会选举产生。董事会设董事长1名，可设副董事长。董事会下设战略与投资委员会、提名委员会、薪酬与考核委员会、审计委员会、风险控制委员会等专门委员会。专门委员会在董事会授权范围内开展相关工作，协助董事会履行职责。

国有资产监管机构授权的国有资本投资、运营公司的执行董事、外部董事由国有资产监管机构委派。其中，外部董事由国有资产监管机构根据国有资本投资、运营公司董事会结构需求，从专职外部董事中选择合适人员担任。董事长、副董事长由国有资产监管机构从董事会成员中指定。

政府直接授权的国有资本投资、运营公司执行董事、外部董事（股权董事）由国务院或地方人民政府委派，董事长、副董事长由国务院或地方人民政府从董事会成员中指定。其中，依据国有资本投资、运营公司职能定位，外部董事主要由政府综合管理部门和相关行业主管部门提名，选择专业人士担任，由政府委派。外部董事可兼任董事会下属专门委员会主席，按照公司治理结构的议事规则对国有资本投资、运营公司的重大事项发表相关领域专业意见。

政府或国有资产监管机构委派外部董事要注重拓宽外部董事来源，人员选择要符合国有资本投资、运营公司定位和专业要求，建立外部董事评价机制，确保充分发挥外部董事作用。

（3）经理层。国有资本投资、运营公司的经理层根据董事会授权负责国有资本日常投资运营。董事长与总经理原则上不得由同一人担任。

国有资产监管机构授权的国有资本投资、运营公司党组织隶属中央、地方党委或国有资产监管机构党组织管理，领导班子及其成员的管理，以改组的企业集团为基础，根据具体情况区别对待。其中，由中管企业改组组建的国有资本投资、运营公司，领导班子及其成员由中央管理；由非中管的中央企业改组组建或新设的国有资本投资、运营公司，领导班子及其成员的管理按照干部管理权限确定。

政府直接授权的国有资本投资、运营公司党组织隶属中央或地方党委管理，领导班子及其成员由中央或地方党委管理。

国有资本投资、运营公司董事长、董事（外部董事除外）、高级经理人员，原则上不得在其他有限责任公司、股份有限公司或者其他经济组织兼职。

（五）运行模式

（1）组织架构。国有资本投资、运营公司要按照市场化、规范化、专业化的管理导向，建立职责清晰、精简高效、运行专业的管控模式，分别结合职能定位具体负责战略规划、制度建设、资源配置、资本运营、财务监管、风险管控、绩效评价等事项。

（2）履职行权。国有资本投资、运营公司应积极推动所持股企业建立规范、完善的法人治理结构，并通过股东大会表决、委派董事和监事等方式行使股东权利，形成以资本为纽带的投资与被投资关系，协调和引导所持股企业发展，实现有关战略意图。国有资本投资、运营公司委派的董事、监事要依法履职行权，对企业负有忠实义务和勤勉义务，切实维护股东权益，不干预所持股企业日常经营。

（3）选人用人机制。国有资本投资、运营公司要建立派出董事、监事候选人员库，由董事会下设的提名委员会根据拟任职公司情况提出差额适任人选，报董事会审议、任命。同时，要加强对派出董事、监事的业务培训、管理和考核评价。

（4）财务监管。国有资本投资、运营公司应当严格按照国家有关财务制度规定，加强公司财务管理，防范财务风险。督促所持股企业加强财务管理，落实风险管控责任，提高运营效率。

（5）收益管理。国有资本投资、运营公司以出资人身份，按照有关法律法规和公司章程，对所持股企业的利润分配进行审议表决，及时收取分红，并依规上交国有资本收益和使用管理留存收益。

（6）考核机制。国有资本投资公司建立以战略目标和财务效益为主的管控模式，对所持股企业考核侧重于执行公司战略和资本回报状况。国有资本运营公司建立财务管控模式，对所持股企业考核侧重于国有资本流动和保值增值状况。

（六）监督与约束机制

（1）完善监督体系。整合出资人监管和审计、纪检监察、巡视等监督力量，建立监督工作会商机制，按照事前规范制度、事中加强监控、事后强化问责的原则，加强对国有资本投资、运营公司的统筹监督，提高监督效能。纪检监察机构加强对国有资本投资、运营公司党组织、董事会、经理层的监督，强化对国有资本投资、运营公司领导人员廉洁从业、行使权力等的监督。国有资本投资、运营公司要建立内部常态化监督审计机制和信息公开制度，加强对权力集中、资金密集、资源富集、资产聚集等重点部门和岗位的监管，在不涉及国家秘密和企业商业秘密的前提下，依法依规、及时准确地披露公司治理以及管理架构、国有资本整体运营状况、关联交易、企业负责人薪酬等信息，建设阳光国企，主动接受社会监督。

（2）实施绩效评价。国有资本投资、运营公司要接受政府或国有资产监管机构的综合考核评价。考核评价内容主要包括贯彻国家战略、落实国有资本布局和结构优化目标、执行各项法律法规制度和公司章程，重大问题决策和重要干部任免，国有资本运营效率、保值增值、财务效益等方面。

三、实施步骤

国有资本投资、运营公司试点工作应分级组织、分类推进、稳妥开展，并根据试点进展情况及时总结推广有关经验。中央层面，继续推进国有资产监管机构授权的国有资本投资、运营公司深化试点，并结合本实施意见要求不断完善试点工作。同时推进国务院直接授权的国有资本投资、运营公司试点，选择由财政部履行国有资产监管职责的中央企业以及中央党政机关和事业单位经营性国有资产集中统一监管改革范围内的企业稳步开展。地方层面，试点工作由各省级人民政府结合实际情况组织实施。

四、配套政策

（一）推进简政放权

围绕落实出资人职责的定位，有序推进对国有资本投资、运营公司的放权。将包括国有产权流转等决策事项的审批权、经营班子业绩考核和薪酬管理权等授予国有资本投资、运营公司，相关管理要求和运行规则通过公司组建方案和公司章程予以明确。

（二）综合改革试点

国有资本投资、运营公司所持股国有控股企业中，符合条件的可优先支持同时开展混合所有制改革、混合所有制企业员工持股、推行职业经理人制度、薪酬分配差异化改革等其他改革试点，充分发挥各项改革工作的综合效应。

（三）完善支持政策

严格落实国有企业重组整合涉及的资产评估增值、土地变更登记和国有资产无偿划转等方面税收优惠政策。简化工商税务登记、变更程序。鼓励国有资本投资、运营公司妥善解决历史遗留问题、处置低效无效资产。制定国有资本投资、运营公司的国有资本经营预算收支管理政策。

五、组织实施

加快推进国有资本投资、运营公司改革试点，是深化国有企业改革的重要组成部分，是改革和完善国有资产管理体制的重要举措。国务院国有企业改革领导小组负责国有资本投资、运营公司试点工作的组织协调和督促落实。中央组织部、国家发展改革委、财政部、人力资源社会保障部、国务院国资委等部门按照职责分工制定落实相关配套措施，密切配合、协同推进试点工作。中央层面的国有资本投资、运营公司试点方案，按程序报党中央、国务院批准后实施。

各省级人民政府对本地区国有资本投资、运营公司试点工作负总责，要紧密结合本地区实际情况，制订本地区国有资本投资、运营公司改革试点实施方案，积极稳妥组织开展试点工作。各省级人民政府要将本地区改革试点实施方案报国务院国有企业改革领导小组备案。

国务院

2018 年 7 月 14 日

国务院办公厅关于转发《国务院国资委以管资本为主推进职能转变方案》的通知

国办发〔2017〕38号

各省、自治区、直辖市人民政府，国务院各部委、各直属机构：

《国务院国资委以管资本为主推进职能转变方案》已经国务院同意，现转发给你们，请认真贯彻执行。

国务院办公厅

2017年4月27日

国务院国资委以管资本为主推进职能转变方案

国务院国资委

党的十八大以来，国务院国资委认真贯彻落实党中央、国务院关于深化国有企业改革的决策部署，准确把握国有资产监管机构的出资人代表职责定位，坚定不移深化国有企业改革，探索完善国有资产监管体制机制，积极推进国有企业结构调整、创新发展，为实现国有资产保值增值、防止国有资产流失、发展壮大国有经济作出了积极贡献。但与此同时，国有资产监督机制尚不健全，国有资产监管中越位、缺位、错位问题依然存在，亟须加快调整优化监管职能和方式，推进国有资产监管机构职能转变，进一步提高国有资本运营和配置效率。按照《中共中央国务院关于深化国有企业改革的指导意见》《国务院关于改革和完善国有资产管理体制的若干意见》（国发〔2015〕63 号）有关要求，制订本方案。

一、总体要求

（一）指导思想

全面贯彻党的十八大和十八届二中、三中、四中、五中、六中全会精神，深入学习贯彻习近平总书记系列重要讲话精神和治国理政新理念新思想新战略，坚持党的领导不动摇，统筹推进“五位一体”总体布局和协调推进“四个全面”战略布局，牢固树立和贯彻落实创新、协调、绿色、开放、共享的发展理念，按照深化简政放权、放管结合、优化服务改革的要求，依法履行职责，以管资本为主加强国有资产监管，以提高国有资本效率、增强国有企业活力为中心，明确监管重点，精简监管事项，优化部门职能，改进监管方式，全面加强党的建设，进一步提高监管的科学性、针对性和有效性，加快实现以管企业为主向以管资本为主的转变。

（二）基本原则

坚持准确定位。按照政企分开、政资分开、所有权与经营权分离要求，科学界定国有资产出资人监管的边界，国务院国资委作为国务院直属特设机构，根据授权代表国务院依法履行出资人职责，专司国有资产监管，不行使社会公共管理职能，不干预企业依法行使自主经营权。

坚持依法监管。按照有关法律法规规定，建立和完善出资人监管的权力和责任清单，健全监管制度体系，重点管好国有资本布局、规范资本运作、提高资本回报、维护资本安全。全面加强国有资产监督，充实监督力量，完善监督机制，严格责任追究，切实防止国有资产流失。

坚持搞活企业。遵循市场经济规律和企业发展规律，突出权责一致，确保责任落实，将精简监管事项与完善国有企业法人治理结构相结合，依法落实企业法人财产权和经营自主权，激发企业活力、创造力和市场竞争力，打造适应市场竞争要求、以提高核心竞争力和资源配置效率为目标的现代企业。

坚持提高效能。明确国有资产监管重点，调整优化监管职能配置和组织设置，改进监管方式和手段，整合监管资源，优化监管流程，提高监管效率，加强监管协同，推进监管信息共享和动态监管，实现依法监管、分类监管、阳光监管。

坚持党的领导。坚持党对国有企业政治领导、思想领导、组织领导的有机统一，发挥国有企业党组织的领导核心和政治核心作用，把方向、管大局、保落实。健全完善党建工作责任制，落实党建工作主体责任，为国有企业改革发展提供坚强有力的政治保证、组织保证和人才支撑。

二、调整优化监管职能

按照职权法定、规范行权的要求，调整、精简、优化监管职能，将强化出资人监管与落实管党治党责任相结合、落实保值增值责任与搞活企业相结合，做好整合监管职能与优化机构设置的衔接，强化 3 项管资本职能，精简 43 项监管事项，整合三方面相关职能。加大简政放权力度，更好维护企业市场主体地位，推动完善现代企业制度，健全各司其职、各负其责、协调运转、有效制衡的国有企业法人治理结构。坚持权力和责任相统一、相匹配，层层建立权力和责任清单，确保企业接住管好精简的监管事项，体现国资监管要求，落实保值增值责任。按照全面从严治党战略部署，严格落实管党治党责任，全面加强国有企业党的建设，保证党和国家方针政策、重大部署在国有企业贯彻执行。

（一）强化管资本职能，落实保值增值责任

完善规划投资监管。服从国家战略和重大决策，落实国家产业政策和

重点产业发展总体要求，调整优化国有资本布局，加大对中央企业投资的规划引导力度，加强对发展战略和规划的审核，制定并落实中央企业国有资本布局结构整体规划。改进投资监管方式，通过制定中央企业投资负面清单、强化主业管理、核定非主业投资比例等方式，管好投资方向，根据投资负面清单探索对部分企业和投资项目实施特别监管制度。落实企业投资主体责任，完善投资监管制度，开展投资项目第三方评估，防止重大违规投资，依法依规追究违规责任。加强对中央企业国际化经营的指导，强化境外投资监管体系建设，加大审核把关力度，严控投资风险。

突出国有资本运营。围绕服务国家战略目标和优化国有资本布局结构，推动国有资本优化配置，提升国有资本运营效率和回报水平。牵头改组组建国有资本投资、运营公司，实施资本运作，采取市场化方式推动设立国有企业结构调整基金、国有资本风险投资基金、中央企业创新发展投资引导基金等相关投资基金。建立健全国有资本运作机制，组织、指导和监督国有资本运作平台开展资本运营，鼓励国有企业追求长远收益，推动国有资本向关系国家安全、国民经济命脉和国计民生的重要行业和关键领域、重点基础设施集中，向前瞻性战略性产业集中，向具有核心竞争力的优势企业集中。

强化激励约束。实现业绩考核与薪酬分配协同联动，进一步发挥考核分配对企业发展的导向作用，实现“业绩升、薪酬升，业绩降、薪酬降”。改进考核体系和办法，突出质量效益与推动转型升级相结合，强化目标管理、对标考核、分类考核，对不同功能定位、不同行业领域、不同发展阶段的企业实行差异化考核。严格贯彻落实国有企业负责人薪酬制度改革相关政策，建立与选任方式相匹配、与企业功能性质相适应、与经营业绩相挂钩的差异化薪酬分配办法。

（二）加强国有资产监督，防止国有资产流失

坚持出资人管理和监督的有机统一。健全规范国有资本运作、防止

国有资产流失的监管制度，加强对制度执行情况的监督检查。增加监督专门力量，分类处置和督办发现的问题，组织开展国有资产重大损失调查，形成发现、调查、处理问题的监督工作闭环。进一步强化监督成果在业绩考核、薪酬分配、干部管理等方面的运用。

强化外派监事会监督。进一步加强和改进监事会监督，完善监督工作体制机制，明确外派监事会由政府派出、作为出资人监督专门力量的职责定位。突出监督重点，围绕企业财务和重大决策、运营过程中可能造成国有资产流失的事项和关键环节以及董事会和经理层依法依规履职情况等重点，着力强化当期和事中监督。改进监事会监督方式，落实外派监事会纠正违规决策、罢免或者调整领导人员的建议权，建立外派监事会可追溯、可量化、可考核、可问责的履职记录制度，提升监督效能。

严格落实责任。建立健全违法违规经营投资责任追究制度体系，完善责任倒查和追究机制，构建权责清晰、约束有效的经营投资责任体系。加大对违法违规经营投资责任的追究力度，综合运用组织处理、经济处罚、禁入限制、党纪政纪处分和追究刑事责任等手段，依法依规查办违法违规经营投资导致国有资产重大损失的案件。

（三）精简监管事项，增强企业活力

取消一批监管事项。严格按照出资关系界定监管范围。减少对企业内部改制重组的直接管理，不再直接规范上市公司国有股东行为，推动中央企业严格遵守证券监管规定。减少薪酬管理事项，取消中央企业年金方案、中央企业子企业分红权激励方案审批，重点加强事后备案和规范指导。减少财务管理事项，取消与借款费用、股份支付、应付债券等会计事项相关的会计政策和会计估计变更事前备案，重点管控企业整体财务状况。取消中央企业职工监事选举结果、工会组织成立和工会主席选举等事项审批，由企业依法自主决策。

下放一批监管事项。将延伸到中央企业子企业和地方国有企业的管理

事项，原则上归位于企业集团和地方国资委。将中央企业所持有部分非上市股份有限公司的国有股权管理方案和股权变动事项，企业集团内部国有股东所持有上市公司股份流转、国有股东与上市公司非重大资产重组、国有股东通过证券交易系统转让一定比例或数量范围内所持有上市公司股份等事项以及中央企业子企业股权激励方案的审批权限，下放给企业集团。国有企业要进一步明确各治理主体行权履职边界，层层落实责任，确保国有资产保值增值。落实国家所有、分别代表原则，将地方国有上市公司的国有股权管理事项的审批权限下放给省级国资委。

授权一批监管事项。结合落实董事会职权等试点工作，将出资人的部分权利授权试点企业董事会行使，同时健全完善制度规范，切实加强备案管理和事后监督。依法将中央企业五年发展战略规划制定权授予试点企业董事会，进一步落实试点企业董事会对经理层成员选聘、业绩考核、薪酬管理以及企业职工工资总额管控、重大财务事项管理的职权，充分发挥董事会的决策作用。试点企业董事会要进一步健全和规范决策制度，明确授权事项在企业内部的决策、执行、监督机制，落实相应责任，严格责任追究。

移交一批社会公共管理事项。落实政资分开原则，立足国有资产出资人代表职责定位，全面梳理配合承担的社会公共管理职能，结合工作实际，提出分类处理建议，交由相关部门和单位行使。

（四）整合相关职能，提高监管效能

整合国有企业改革职能。对承担的企业重组整合、结构优化、改制上市、规范董事会建设以及解决历史遗留问题等职能进行统筹整合，集中力量加大对改革改制、管理创新和商业模式创新的指导服务力度，加快完善现代企业制度。

整合经济运行监测职能。集中统一开展财务动态监测和经济运行分析，综合分析行业与企业情况、经营与财务情况，及时、准确提供运行数据，全面掌握中央企业运行状况，为国家宏观调控和国有资产监管工作提

供基础支撑。

整合推动科技创新职能。明确中央企业科技创新方向和重点任务，整合新兴产业培育、知识产权保护、企业品牌建设等职能，推动企业完善技术创新体系，组建产业协同发展平台，协调落实重大科技政策和项目，更好发挥中央企业在大众创业、万众创新中的引领带动作用。

（五）全面加强党的建设，强化管党治党责任

建立健全党建工作责任制。强化中央企业党建工作考核，落实“四同步”“四四对接”要求，加强基层党组织和党员队伍建设，保证党组织工作机构健全、党务工作者队伍稳定、党组织和党员作用得到有效发挥。注重加强混合所有制企业的党建工作。

加强党的领导与完善公司治理相统一。明确和落实党组织在国有企业法人治理结构中的法定地位，把党建工作总体要求写入公司章程，健全党组织参与重大问题决策的规则和程序，使党组织发挥作用组织化、制度化、具体化。处理好党组织和其他治理主体的关系，明确权责边界，做到无缝衔接。

坚持党管干部原则与市场化机制相结合。保证党对干部人事工作的领导权和对重要干部的管理权，严格执行国有企业领导人员对党忠诚、勇于创新、治企有方、兴企有为、清正廉洁的选任标准，党组织要在确定标准、规范程序、参与考察、推荐人选等方面把好关，按照市场规律对经理层进行管理，建立科学合理的考核评价体系，为国有企业领导人员树立正向激励的鲜明导向。

加大纪检监察工作力度。深入推进党风廉政建设和反腐败斗争。认真落实《中国共产党问责条例》等规定，加大对中央企业党委（党组）和党员领导人员履行管党治党责任不力的问责力度。对国务院国资委党委管理主要负责人的中央企业开展巡视监督，加强对中央企业开展内部巡视的领导和指导。

三、改进监管方式手段

按照事前制度规范、事中跟踪监控、事后监督问责的要求，积极适应监管职能转变和增强企业活力、强化监督管理的需要，创新监管方式和手段，更多采用市场化、法治化、信息化监管方式，提高监管的针对性、实效性。

（一）强化依法监管

严格依据公司法、企业国有资产法、企业国有资产监督管理暂行条例等法律法规规定的权限和程序行权履职。健全完善国有资产监管法规制度体系，建立出资人监管的权力和责任清单，清单以外的事项由企业依法自主决策。加强公司章程管理，规范董事会运作，严格选派、管理股东代表和董事、监事，注重通过国有企业法人治理结构依法履行出资人职责。

（二）实施分类监管

针对商业类和公益类国有企业的不同战略定位和发展目标，研究制定差异化的监管目标、监管重点和监管措施，因企施策推动企业改革发展，促进经济效益和社会效益有机统一。在战略规划制定、资本运作模式、人员选用机制、经营业绩考核等方面，实施更加精准有效的分类监管。

（三）推进阳光监管

依法推进国有资产监管信息公开，主动接受社会监督。健全信息公开制度，加强信息公开平台建设，依法向社会公开国有资本整体运营情况、企业国有资产保值增值及经营业绩考核总体情况、国有资产监管制度和监督检查情况。指导中央企业加大信息公开力度，依法依规公开治理结构、财务状况、关联交易、负责人薪酬等信息，积极打造阳光企业。

(四) 优化监管流程

按照程序简化、管理精细、时限明确的原则，深入推进分事行权、分岗设权、分级授权和定期轮岗，科学设置内设机构和岗位职责权限，确保权力运行协调顺畅。推进监管信息化建设，整合信息资源，统一工作平台，畅通共享渠道，健全中央企业产权、投资、财务等监管信息系统，实现动态监测，提升整体监管效能。

四、切实抓好组织实施

国务院国资委要依据本方案全面梳理并优化调整具体监管职能，相应调整内设机构，明确取消、下放、授权的监管事项，加快制定出资人监管的权力和责任清单，按程序报批后向社会公开。要坚持试点先行，结合企业实际，继续推进简政放权、放管结合、优化服务改革，分类放权、分步实施，确保放得下、接得住、管得好。要积极适应职能转变要求，及时清理完善涉及的国有资产监管法规和政策文件。

各地区可参照本方案要求，结合实际情况，制订本地区国有资产监管机构的职能转变方案。

国务院关于改革和完善国有资产管理体制的若干意见

国发〔2015〕63号

各省、自治区、直辖市人民政府，国务院各部委、各直属机构：

改革开放以来，我国国有资产管理体制改革稳步推进，国有资产出资人代表制度基本建立，保值增值责任初步得到落实，国有资产规模、利润水平、竞争能力得到较大提升。但必须看到，现行国有资产管理体制中政企不分、政资不分问题依然存在，国有资产监管还存在越位、缺位、错位现象；国有资产监督机制不健全，国有资产流失、违纪违法问题在一些领域和企业比较突出；国有经济布局结构有待进一步优化，国有资本配置效率不高等问题亟待解决。按照《中共中央关于全面深化改革若干重大问题的决定》和国务院有关部署，现就改革和完善国有资产管理体制提出以下意见。

一、总体要求

（一）指导思想

深入贯彻落实党的十八大和十八届二中、三中、四中全会精神，按照党中央、国务院决策部署，坚持和完善社会主义基本经济制度，坚持社会主义市场经济改革方向，尊重市场经济规律和企业发展规律，正确处理好政府与市场的关系，以管资本为主加强国有资产监管，改革国有资本授权经营体制，真正确立国有企业的市场主体地位，推进国有资产监管机构职能转变，适应市场化、现代化、国际化新形势和经济发展新常态，不断增强国有经济活力、控制力、影响力和抗风险能力。

（二）基本原则

坚持权责明晰。实现政企分开、政资分开、所有权与经营权分离，依法理顺政府与国有企业的出资关系。切实转变政府职能，依法确立国有企业的市场主体地位，建立健全现代企业制度。坚持政府公共管理职能与国有资产出资人职能分开，确保国有企业依法自主经营，激发企业活力、创新力和内生动力。

坚持突出重点。按照市场经济规则和现代企业制度要求，以管资本为主，以资本为纽带，以产权为基础，重点管好国有资本布局、规范资本运作、提高资本回报、维护资本安全。注重通过公司法人治理结构依法行使国有股东权利。

坚持放管结合。按照权责明确、监管高效、规范透明的要求，推进国有资产监管机构职能和监管方式转变。该放的依法放开，切实增强企业活力，提高国有资本运营效率；该管的科学管好，严格防止国有资产流失，确保国有资产保值增值。

坚持稳妥有序。处理好改革、发展、稳定的关系，突出改革和完善国有资产管理体制的系统性、协调性，以重点领域为突破口，先行试点，分步实施，统筹谋划，协同推进相关配套改革。

二、推进国有资产监管机构职能转变

（三）准确把握国有资产监管机构的职责定位

国有资产监管机构作为政府直属特设机构，根据授权代表本级人民政府对监管企业依法履行出资人职责，科学界定国有资产出资人监管的边界，专司国有资产监管，不行使政府公共管理职能，不干预企业自主经营权。以管资本为主，重点管好国有资本布局、规范资本运作、提高资本回报、维护资本安全，更好服务于国家战略目标，实现保值增值。发挥国有资产监管机构专业化监管优势，逐步推进国有资产出资人监管全覆盖。

（四）进一步明确国有资产监管重点

加强战略规划引领，改进对监管企业主业界定和投资并购的管理方式，遵循市场机制，规范调整存量，科学配置增量，加快优化国有资本布局结构。加强对国有资本运营质量及监管企业财务状况的监测，强化国有产权流转环节监管，加大国有产权进场交易力度。按照国有企业的功能界定和类别实行分类监管。改进考核体系和办法，综合考核资本运营质量、效率和收益，以经济增加值为主，并将转型升级、创新驱动、合规经营、履行社会责任等纳入考核指标体系。着力完善激励约束机制，将国有企业领导人员考核结果与职务任免、薪酬待遇有机结合，严格规范国有企业领导人员薪酬分配。建立健全与劳动力市场基本适应，与企业经济效益、劳动生产率挂钩的工资决定和正常增长机制。推动监管企业不断优化公司法人治理结构，把加强党的领导和完善公司治理统一起来，建立国有企业领导人员分类分层管理制度。强化国有资产监督，加强和改进外派监事会制度，建立健全国有企业违法违规经营责任追究体系、国有企业重大决策失误和失职渎职责任追究倒查机制。

（五）推进国有资产监管机构职能转变

围绕增强监管企业活力和提高效率，聚焦监管内容，该管的要科学管理、决不缺位，不该管的要依法放权、决不越位。将国有资产监管机构行使的投资计划、部分产权管理和重大事项决策等出资人权利，授权国有资本投资、运营公司和其他直接监管的企业行使；将依法应由企业自主经营决策的事项归位于企业；加强对企业集团的整体监管，将延伸到子企业的管理事项原则上归位于一级企业，由一级企业依法依规决策；将国有资产监管机构配合承担的公共管理职能，归位于相关政府部门和单位。

（六）改进国有资产监管方式和手段

大力推进依法监管，着力创新监管方式和手段。按照事前规范制度、事中加强监控、事后强化问责的思路，更多运用法治化、市场化的监管方式，切实减少出资人审批核准事项，改变行政化管理方式。通过“一企一策”制定公司章程、规范董事会运作、严格选派和管理股东代表和董事监事，将国有出资人意志有效体现在公司治理结构中。针对企业不同功能定位，在战略规划制定、资本运作模式、人员选用机制、经营业绩考核等方面，实施更加精准有效的分类监管。调整国有资产监管机构内部组织设置和职能配置，建立监管权力清单和责任清单，优化监管流程，提高监管效率。建立出资人监管信息化工作平台，推进监管工作协同，实现信息共享和动态监管。完善国有资产和国有企业信息公开制度，设立统一的信息公开网络平台，在不涉及国家秘密和企业商业秘密的前提下，依法依规及时准确地披露国有资本整体运营情况、企业国有资产保值增值及经营业绩考核总体情况、国有资产监管制度和监督检查情况，以及国有企业公司治理和管理架构、财务状况、关联交易、企业负责人薪酬等信息，建设阳光国企。

三、改革国有资本授权经营体制

（七）改组组建国有资本投资、运营公司

主要通过划拨现有商业类国有企业的国有股权，以及国有资本经营预算注资组建，以提升国有资本运营效率、提高国有资本回报为主要目标，

通过股权运作、价值管理、有序进退等方式，促进国有资本合理流动，实现保值增值；或选择具备一定条件的国有独资企业集团改组设立，以服务国家战略、提升产业竞争力为主要目标，在关系国家安全、国民经济命脉的重要行业和关键领域，通过开展投资融资、产业培育和资本整合等，推动产业集聚和转型升级，优化国有资本布局结构。

（八）明确国有资产监管机构与国有资本投资、运营公司关系

政府授权国有资产监管机构依法对国有资本投资、运营公司履行出资人职责。国有资产监管机构按照“一企一策”原则，明确对国有资本投资、运营公司授权的内容、范围和方式，依法落实国有资本投资、运营公司董事会职权。国有资本投资、运营公司对授权范围内的国有资本履行出资人职责，作为国有资本市场化运作的专业平台，依法自主开展国有资本运作，对所出资企业行使股东职责，维护股东合法权益，按照责权对应原则切实承担起国有资产保值增值责任。

（九）界定国有资本投资、运营公司与所出资企业关系

国有资本投资、运营公司依据公司法等相关法律法规，对所出资企业依法行使股东权利，以出资额为限承担有限责任。以财务性持股为主，建立财务管控模式，重点关注国有资本流动和增值状况；或以对战略性核心业务控股为主，建立以战略目标和财务效益为主的管控模式，重点关注所出资企业执行公司战略和资本回报状况。

（十）开展政府直接授权国有资本投资、运营公司履行出资人职责的试点工作

中央层面开展由国务院直接授权国有资本投资、运营公司试点等工作。地方政府可以根据实际情况，选择开展直接授权国有资本投资、运营公司试点工作。

四、提高国有资本配置和运营效率

（十一）建立国有资本布局和结构调整机制

政府有关部门制定完善经济社会发展规划、产业政策和国有资本收益管理规则。国有资产监管机构根据政府宏观政策和有关管理要求，建立健全国有资本进退机制，制定国有资本投资负面清单，推动国有资本更多投向关系国家安全、国民经济命脉和国计民生的重要行业和关键领域。

（十二）推进国有资本优化重组

坚持以市场为导向、以企业为主体，有进有退、有所为有所不为，优化国有资本布局结构，提高国有资本流动性，增强国有经济整体功能和提升效率。按照国有资本布局结构调整要求，加快推动国有资本向重要行业、关键领域、重点基础设施集中，向前瞻性战略性产业集中，向产业链关键环节和价值链高端领域集中，向具有核心竞争力的优势企业集中。清理退出一批、重组整合一批、创新发展一批国有企业，建立健全优胜劣汰市场化退出机制，加快淘汰落后产能和化解过剩产能，处置低效无效资产。推动国有企业加快技术创新、管理创新和商业模式创新。推进国有资本控股经营的自然垄断行业改革，根据不同行业特点放开竞争性业务，实现国有资本和社会资本更好融合。

（十三）建立健全国有资本收益管理制度

财政部门会同国有资产监管机构等部门建立覆盖全部国有企业、分级管理的国有资本经营预算管理制度，根据国家宏观调控和国有资本布局结构调整要求，提出国有资本收益上交比例建议，报国务院批准后执行。在改组组建国有资本投资、运营公司以及实施国有企业重组过程中，国家根据需要将部分国有股权划转社会保障基金管理机构持有，分红和转让收益用于弥补养老等社会保障资金缺口。

五、协同推进相关配套改革

（十四）完善有关法律法规

健全国有资产监管法律法规体系，做好相关法律法规的立改废释工作。按照立法程序，抓紧推动开展企业国有资产法修订工作，出台相关配套法规，为完善国有资产管理体制夯实法律基础。根据国有企业公司制改革进展情况，推动适时废止全民所有制工业企业法。研究起草企业国有资产基础管理条例，统一管理规则。

（十五）推进政府职能转变

进一步减少行政审批事项，大幅度削减政府通过国有企业行政性配置资源事项，区分政府公共管理职能与国有资产出资人管理职能，为国有资产管理体制改革完善提供环境条件。推进自然垄断行业改革，实行网运分开、特许经营。加快推进价格机制改革，严格规范政府定价行为，完善市场发现、形成价格的机制。推进行政性垄断行业成本公开、经营透明，发挥社会监督作用。

（十六）落实相关配套政策

落实和完善国有企业重组整合涉及的资产评估增值、土地变更登记和国有资产无偿划转等方面的税收优惠政策，切实明确国有企业改制重组过程中涉及的债权债务承接主体和责任，完善国有企业退出的相关政策，依法妥善处理劳动关系调整和社会保险关系接续等相关问题。

（十七）妥善解决历史遗留问题

加快剥离企业办社会职能，针对“三供一业”（供水、供电、供热和物业管理）、离退休人员社会化管理、厂办大集体改革等问题，制定统筹规范、分类施策的措施，建立政府和国有企业合理分担成本的机制。国有资本经营预算支出优先用于解决国有企业历史遗留问题。

（十八）稳步推进经营性国有资产集中统一监管

按照依法依规、分类推进、规范程序、市场运作的原则，以管资本为主，稳步将党政机关、事业单位所属企业的国有资本纳入经营性国有资产集中统一监管体系，具备条件的进入国有资本投资、运营公司。

金融、文化等国有企业的改革，中央另有规定的依其规定执行。

各地区要结合本地实际，制订具体改革实施方案，确保国有资产管理体制改革顺利进行，全面完成各项改革任务。

国务院

2015 年 10 月 25 日

国务院办公厅关于进一步完善国有企业法人治理结构的指导意见

国办发〔2017〕36号

各省、自治区、直辖市人民政府，国务院各部委、各直属机构：

完善国有企业法人治理结构是全面推进依法治企、推进国家治理体系和治理能力现代化的内在要求，是新一轮国有企业改革的重要任务。当前，多数国有企业已初步建立现代企业制度，但从实践情况看，现代企业制度仍不完善，部分企业尚未形成有效的法人治理结构，权责不清、约束不够、缺乏制衡等问题较为突出，一些董事会形同虚设，未能发挥应有作用。根据《中共中央 国务院关于深化国有企业改革的指导意见》等文件精神，为改进国有企业法人治理结构，完善国有企业现代企业制度，经国务院同意，现提出以下意见。

一、总体要求

（一）指导思想

全面贯彻党的十八大和十八届三中、四中、五中、六中全会精神，深入贯彻习近平总书记系列重要讲话精神和治国理政新理念新思想新战略，认真落实党中央、国务院决策部署，统筹推进“五位一体”总体布局和协调推进“四个全面”战略布局，牢固树立和贯彻落实创新、协调、绿色、开放、共享的发展理念，从国有企业实际情况出发，以建立健全产权清晰、权责明确、政企分开、管理科学的现代企业制度为方向，积极适应国有企业改革的新形势新要求，坚持党的领导、加强党的建设，完善体制机制，依法规范权责，根据功能分类，把握重点，进一步健全各司其职、各负其责、协调运转、有效制衡的国有企业法人治理结构。

（二）基本原则

（1）坚持深化改革。尊重企业市场主体地位，遵循市场经济规律和企业发展规律，以规范决策机制和完善制衡机制为重点，坚持激励机制与约束机制相结合，体现效率原则与公平原则，充分调动企业家积极性，提升企业的市场化、现代化经营水平。

（2）坚持党的领导。落实全面从严治党战略部署，把加强党的领导和完善公司治理统一起来，明确国有企业党组织在法人治理结构中的法定地位，发挥国有企业党组织的领导核心和政治核心作用，保证党组织把方向、管大局、保落实。坚持党管干部原则与董事会依法选择经营管理者、经营管理者依法行使用人权相结合，积极探索有效实现形式，完善反腐倡廉制度体系。

（3）坚持依法治企。依据《中华人民共和国公司法》《中华人民共和国企业国有资产法》等法律法规，以公司章程为行为准则，规范权责定位和行权方式；法无授权，任何政府部门和机构不得干预企业正常生产经营活动，实现深化改革与依法治企的有机统一。

（4）坚持权责对等。坚持权利义务责任相统一，规范权力运行、强化权利责任对等，改革国有资本授权经营体制，深化权力运行和监督机制改革，构建符合国情的监管体系，完善履职评价和责任追究机制，对失职、渎职行为严格追责，建立决策、执行和监督环节的终身责任追究制度。

（三）主要目标

2017 年年底前，国有企业公司制改革基本完成。到 2020 年，党组织在国有企业法人治理结构中的法定地位更加牢固，充分发挥公司章程在企业治理中的基础作用，国有独资、全资公司全面建立外部董事占多数的董事会，国有控股企业实行外部董事派出制度，完成外派监事会改革；充分发挥企业家作用，造就一大批政治坚定、善于经营、充满活力的董事长和职业经理人，培育一支德才兼备、业务精通、勇于担当的董事、监事队伍；党风廉政建设主体责任和监督责任全面落实，企业民主监督和管理明显改善；遵循市场经济规律和企业发展规律，使国有企业成为依法自主经营、自负盈亏、自担风险、自我约束、自我发展的市场主体。

二、规范主体权责

健全以公司章程为核心的企业制度体系，充分发挥公司章程在企业治理中的基础作用，依照法律法规和公司章程，严格规范履行出资人职责的机构（以下简称出资人机构）、股东会（包括股东大会，下同）、董事会、经理层、监事会、党组织和职工代表大会的权责，强化权利责任对等，保障有效履职，完善符合市场经济规律和我国国情的国有企业法人治理结构，进一步提升国有企业运行效率。

（一）理顺出资人职责，转变监管方式

（1）股东会是公司的权力机构。股东会主要依据法律法规和公司章程，通过委派或更换董事、监事（不含职工代表），审核批准董事会、监事会年度工作报告，批准公司财务预决算、利润分配方案等方式，对董事会、监事会以及董事、监事的履职情况进行评价和监督。出资人机构根据本级人民政府授权对国家出资企业依法享有股东权利。

（2）国有独资公司不设股东会，由出资人机构依法行使股东会职权。以管资本为主改革国有资本授权经营体制，对直接出资的国有独资公司，出资人机构重点管好国有资本布局、规范资本运作、强化资本约束、提高资本回报、维护资本安全。对国有全资公司、国有控股企业，出资人机构主要依据股权份额通过参加股东会议、审核须由股东决定的事项、与其他

股东协商做出决议等方式履行职责，除法律法规或公司章程另有规定外，不得干预企业自主经营活动。

（3）出资人机构依据法律法规和公司章程规定行使股东权利、履行股东义务，有关监管内容应依法纳入公司章程。按照以管资本为主的要求，出资人机构要转变工作职能、改进工作方式，加强公司章程管理，清理有关规章、规范性文件，研究提出出资人机构审批事项清单，建立对董事会重大决策的合规性审查机制，制定监事会建设、责任追究等具体措施，适时制定国有资本优先股和国家特殊管理股管理办法。

（二）加强董事会建设，落实董事会职权

（1）董事会是公司的决策机构，要对股东会负责，执行股东会决定，依照法定程序和公司章程授权决定公司重大事项，接受股东会、监事会监督，认真履行决策把关、内部管理、防范风险、深化改革等职责。国有独资公司要依法落实和维护董事会行使重大决策、选人用人、薪酬分配等权利，增强董事会的独立性和权威性，落实董事会年度工作报告制度；董事会应与党组织充分沟通，有序开展国有独资公司董事会选聘经理层试点，加强对经理层的管理和监督。

（2）优化董事会组成结构。国有独资、全资公司的董事长、总经理原则上分设，应均为内部执行董事，定期向董事会报告工作。国有独资公司的董事长作为企业法定代表人，对企业改革发展负首要责任，要及时向董事会和国有股东报告重大经营问题和经营风险。国有独资公司的董事对出资人机构负责，接受出资人机构指导，其中外部董事人选由出资人机构商有关部门提名，并按照法定程序任命。国有全资公司、国有控股企业的董事由相关股东依据股权份额推荐派出，由股东会选举或更换，国有股东派出的董事要积极维护国有资本权益；国有全资公司的外部董事人选由控股股东商其他股东推荐，由股东会选举或更换；国有控股企业应有一定比例的外部董事，由股东会选举或更换。

（3）规范董事会议事规则。董事会要严格实行集体审议、独立表决、个人负责的决策制度，平等充分发表意见，一人一票表决，建立规范透明的重大事项信息公开和对外披露制度，保障董事会会议记录和提案资料的完整性，建立董事会决议跟踪落实以及后评估制度，做好与其他治理主体的联系沟通。董事会应当设立提名委员会、薪酬与考核委员会、审计委员会等专门委员会，为董事会决策提供咨询，其中薪酬与考核委员会、审计委员会应由外部董事组成。改进董事会和董事评价办法，完善年度和任期考核制度，逐步形成符合企业特点的考核评价体系及激励机制。

（4）加强董事队伍建设。开展董事任前和任期培训，做好董事派出和任期管理工作。建立完善外部董事选聘和管理制度，严格资格认定和考试考查程序，拓宽外部董事来源渠道，扩大专职外部董事队伍，选聘一批现职国有企业负责人转任专职外部董事，定期报告外部董事履职情况。国有独资公司要健全外部董事召集人制度，召集人由外部董事定期推选产生。外部董事要与出资人机构加强沟通。

（三）维护经营自主权，激发经理层活力

（1）经理层是公司的执行机构，依法由董事会聘任或解聘，接受董事会管理和监事会监督。总经理对董事会负责，依法行使管理生产经营、组织实施董事会决议等职权，向董事会报告工作，董事会闭会期间向董事长报告工作。

（2）建立规范的经理层授权管理制度，对经理层成员实行与选任方式相匹配、与企业功能性质相适应、与经营业绩相挂钩的差异化薪酬分配制度，国有独资公司经理层逐步实行任期制和契约化管理。根据企业产权结构、市场化程度等不同情况，有序推进职业经理人制度建设，逐步扩大职业经理人队伍，有序实行市场化薪酬，探索完善中长期激励机制，研究出台相关指导意见。国有独资公司要积极探索推行职业经理人制度，实行内部培养和外部引进相结合，畅通企业经理层成员与职业经理人的身份转换通道。开展出资人机构委派国有独资公司总会计师试点。

（四）发挥监督作用，完善问责机制

（1）监事会是公司的监督机构，依照有关法律法规和公司章程设立，对董事会、经理层成员的职务行为进行监督。要提高专职监事比例，增强监事会的独立性和权威性。对国有资产监管机构所出资企业依法实行外派监事会制度。外派监事会由政府派出，负责检查企业财务，监督企业重大决策和关键环节以及董事会、经理层履职情况，不参与、不干预企业经营管理活动。

（2）健全以职工代表大会为基本形式的企业民主管理制度，支持和保证职工代表大会依法行使职权，加强职工民主管理与监督，维护职工合法权益。国有独资、全资公司的董事会、监事会中须有职工董事和职工监事。建立国有企业重大事项信息公开和对外披露制度。

（3）强化责任意识，明确权责边界，建立与治理主体履职相适应的责任追究制度。董事、监事、经理层成员应当遵守法律法规和公司章程，对公司负有忠实义务和勤勉义务；要将其信用记录纳入全国信用信息共享平台，违约失信的按规定在“信用中国”网站公开。董事应当出席董事会会议，对董事会决议承担责任；董事会决议违反法律法规或公司章程、股东会决议，致使公司遭受严重损失的，应依法追究有关董事责任。经理层成员违反法律法规或公司章程，致使公司遭受损失的，应依法追究有关经理层成员责任。执行董事和经理层成员未及时向董事会或国有股东报告重大经营问题和经营风险的，应依法追究相关人员责任。企业党组织成员履职过程中有重大失误和失职、渎职行为的，应按照党组织有关规定严格追究责任。按照“三个区分开来”的要求，建立必要的改革容错纠错机制，激励企业领导人员干事创业。

（五）坚持党的领导，发挥政治优势

（1）坚持党的领导、加强党的建设是国有企业的独特优势。要明确党组织在国有企业法人治理结构中的法定地位，将党建工作总体要求纳入国

有企业章程，明确党组织在企业决策、执行、监督各环节的权责和工作方式，使党组织成为企业法人治理结构的有机组成部分。要充分发挥党组织的领导核心和政治核心作用，领导企业思想政治工作，支持董事会、监事会、经理层依法履行职责，保证党和国家方针政策的贯彻执行。

（2）充分发挥纪检监察、巡视、审计等监督作用，国有企业董事、监事、经理层中的党员每年要定期向党组（党委）报告个人履职和廉洁自律情况。上级党组织对国有企业纪检组组长（纪委书记）实行委派制度和定期轮岗制度，纪检组组长（纪委书记）要坚持原则、强化监督。纪检组组长（纪委书记）可列席董事会和董事会专门委员会的会议。

（3）积极探索党管干部原则与董事会选聘经营管理人员有机结合的途径和方法。坚持和完善双向进入、交叉任职的领导体制，符合条件的国有企业党组（党委）领导班子成员可以通过法定程序进入董事会、监事会、经理层，董事会、监事会、经理层成员中符合条件的党员可以依照有关规定和程序进入党组（党委）；党组（党委）书记、董事长一般由一人担任，推进中央企业党组（党委）专职副书记进入董事会。在董事会选聘经理层成员工作中，上级党组织及其组织部门、国有资产监管机构党委应当发挥确定标准、规范程序、参与考察、推荐人选等作用。积极探索董事会通过差额方式选聘经理层成员。

三、做好组织实施

（一）及时总结经验，分层有序实施

在国有企业建设规范董事会试点基础上，总结经验、完善制度，国务院国资委监管的中央企业要依法改制为国有独资公司或国有控股公司，全面建立规范的董事会。国有资本投资、运营公司法人治理结构要“一企一策”地在公司章程中予以细化。其他中央企业和地方国有企业要根据自身实际，由出资人机构负责完善国有企业法人治理结构。

（二）精心规范运作，做好相互衔接

国有企业要按照完善法人治理结构的要求，全面推进依法治企，完善公司章程，明确内部组织机构的权利、义务、责任，实现各负其责、规范运作、相互衔接、有效制衡。国务院国资委要会同有关部门和单位抓紧制定国有企业公司章程审核和批准管理办法。

金融、文化等国有企业的改革，中央另有规定的依其规定执行。

国务院办公厅

2017 年 4 月 24 日

参考文献

[1] 吴起龙. 国资委：国企改革顶层设计基本完成形成“1+N”政策体系 [EB/OL].（2017-09-28）[2018-10-20]. http：//finance. china. com. cn/news/20170928/4408012. shtml.

[2] 施能自. 新一轮国企改革的思考与操作实务 [M]. 北京：中国经济出版社，2017.

[3] 中国投资咨询网. 改组组建国有资本投资、运营公司管资本进入实操阶段 [EB/OL].（2017-06-08）[2017-10-20]. http：//www. ocn. com. cn/hongguan/201706/osipd08153319. shtml.

[4] 人民日报. 国资委功能定位日渐清晰未来央企将分为三类 [EB/OL].（2017-06-20）[2017-08-20]. http：//www. sasac. gov. cn/n2588025/n2588119/c4614898/content. html.

[5] 李锦. 联通混改的历史价值与改革标杆意义 [J]. 现代国企研究，2017（19）.

[6] 搜狐. 国企改革今年将正式进入实操阶段 [EB/OL].（2016-03-15）[2017-08-20]. http：//www. sohu. com/a/63571 371_ 189327.

[7] 澎湃新闻网. 国资委放权从管企业迈向管资本：国资投资、运营公司眉目渐清 [EB/OL].（2017-06-19）[2017-08-10]. http：//news. 163. com/17/0619/07/CN9C11UE000187VE. html#from = relevant.

[8] 艾瑞网. 中国跨境趋势如何？2017 年跨境海外投资有哪些热门目的地 [EB/OL].（2016-12-27）[2017-03-20]. http：// column. ire-

search. cn/b/201612/788837. shtml.

[9] 中国证券网. 国企国资改革将打造升级版一系列政策正在酝酿[EB/OL].(2018-01-02)[2018-08-10]. http://news. cnstock. com/news, bwkx-201801-4170820. htm.

[10] 搜狐. 国资委：第三批混改试点企业正在制订实施方案[EB/OL].(2018-02-01)[2018-03-10]. http://www. sohu. com/a/220199399_ 379902.

[11] 和讯名家. 上市公司已成央企混改主要载体，这些行业机会较大！[EB/OL].(2018-02-01)[2018-04-10]. http://stock. hexun. com/2018-02-01/192371486. html.

[12] 徐夷. 最新97家央企名录，49家中管（副部级）央企，48家司局级央企[EB/OL].(2018-02-23)[2018-03-07]. http://www. sohu. com/a/223656445_ 505851.

[13] 中粮."中粮方案"基本定型[EB/OL].(2017-07-26)[2018-03-01]. http://www. cofco. com/cn/indexsecond/2017/0726/46583. html.

[14] 经济日报. 国家开发投资公司：树立国有资本投资公司改革标杆[EB/OL].(2017-09-12)[2017-11-12]. http://cpc. people. com. cn/n1/2017/0912/c412690-29530348. html.

[15] 人民网. 招商局集团李建红：全力打造世界一流企业[EB/OL].(2017-10-13)[2017-11-11]. http://www. fangtan. org. cn/biz/2017-10/13/content_ 578. html.

[16] 经济日报. 招商局集团：让更多员工成为"事业合伙人"[EB/OL].(2018-02-02)[2018-05-11]. https://baijiahao. baidu. com/s? id=1591265377131187081&wfr=spider&for=pc.

[17] 白天亮，郭琳. 国有资本风险投资基金设立：首期规模一千亿元[EB/OL].(2016-08-18)[2017-05-03]. http://paper. people. com. cn/rmrbhwb/html/2016-08/19/content_ 1705235. htm.

[18] 赵玲玲．新一轮国企改革起航诚通系国新系驶向国资运营深水区［EB/OL］.（2016－03－08）［2016－04－03］. http：//epaper. zqcn. com. cn/content/2016－03/08/content_ 30586. htm.

[19] 王文．神华集团作为国有资本投资公司的管控模式研究［J］. 经营与管理，2017（4）.

[20] 北方网．市国资委党委书记、主任彭三：国企混改关键在于发挥企业家作用［EB/OL］.（2016－03－08）［2016－04－03］. http：//baijiahao. baidu. com/s？id＝1587729852712338373&wfr＝spid er&for＝pc.

[21] 宋薇萍．上海：鼓励非公资本更深层次参与国企混改［EB/OL］.（2017－05－31）［2017－07－03］. http：//finance. jrj. com. cn/2017/05/31204522555883. shtml.

[22] 中证网．重庆：推动国企集团层面混改 10 家企业试点员工持股［EB/OL］.（2017－03－01）［2017－04－03］. http：//www. cs. com. cn/xwzx/201703/t20170310_ 5202774. html.

[23] 李楠桦，仝宗莉．国资委：国有资本投资运营公司试点在央企已扩大到 21 家［EB/OL］.（2019－01－17）［2019－02－03］. http：//cc-news. people. com. cn/n1/2019/0117/c141677－30564083. html.

[24] 刘丽靓．新一批国有资本投资运营公司试点企业共 11 家：包括国家电投、华润集团、中广核等［EB/OL］.（2018－12－24）［2018－12－28］. http：//news. bjx. com. cn/html/20181224/951335. shtml.

[25] 中国证券报．2019 年国资国企改革又有大动作！垄断行业将进一步开放［EB/OL］.（2019－01－14）［2019－01－23］. http：// finance. if-eng. com/a/20190114/16686584_ 0. shtml.

[26] 仁达方略管理咨询公司．金融控股集团的管理［M］. 北京：中国财富出版社，2018.

[27] 中源数聚（北京）信息科技有限公司．管理大数据 RBD：从 CI、BI 到 AI［M］. 北京：中国财富出版社，2017.

仁达方略——受尊重的大型管理咨询公司

仁达方略是国内领先的大型管理研究与咨询机构，集团管理权威。公司致力于为企业、政府及非营利组织提供从发展战略、组织变革、运营改善到文化管理、品牌提升的专业服务。

业务类型涉及管理咨询、管理研究、管理培训、管理大数据四大领域，服务客户涵盖国内20多个重点行业、近千家大型集团企业，其中世界500强企业39家，中国500强企业339家，服务过的客户均为行业翘楚。

持续的研发投入和丰硕的实证性研发成果奠定了仁达方略在业内的技术领先地位和强大的竞争优势。作为国内顶尖智业机构，仁达方略构建了完善的具有独立知识产权的专业化、差异化产品和服务，坚持把最前沿的理论思想和丰富的案例经验运用于咨询实践，倾力为客户提供创造性观点及富有建设性和操作性的全面解决方案，帮助客户切实提升企业价值。

仁达方略管理著述全面而丰富，无论是数量还是质量均引领咨询行业。公司立足咨询实践，注重总结提炼，为中国企业家和管理者提供有创见、可操作的管理理论、思想和方法，至今已结集出版涉及战略、组织、集团管控、企业文化、集团品牌、人力资源等经管类专著100余部，被众多大型集团企业团购并采纳为内部管理培训教材，且被包括清华经管学院等在内的多所院校选为教辅书。

与客户建立并恪守战略伙伴关系是仁达方略一贯的服务方式。仁达方略通过全程跟踪的贴近式服务，帮助遍及国内重点行业的旗舰型企业和快速成长的优秀企业，如国家电网、中国五矿、中国电子、蒙牛乳业、大众汽车、山东能源、北京控股、中信地产、美的集团等，政府部门及非营利机构，如交通部海事局、中国疾病预防控制中心等，大幅提升企业的管理品质，实现与众多战略伙伴并肩成长。

让最优秀的企业成为我们的客户，让我们的客户成为最优秀的企业！

金融控股集团作为一种组织形式，大量存在于金融环境之中。它的管理机理、战略、组织形式、管控体系、人力资源、企业文化等管理要素均亟待研究。这里面有一些难点，我国绝大多数金融控股集团都是产融结合模式，跟国外的主流模式差别较大，更具中国特色。

仁达方略管理咨询公司因为历史的原因，一直致力于研究大型集团的组织变革，在多元化战略、集团管控、企业文化建设与管理、人力资源等诸多领域均积累了丰富的经验，在金融控股集团的管理模式研究方面，形成了一些粗糙的框架。我们将框架进行了研究和整理，形成本书，抛砖引玉，以期激发各界力量能关注并参与到对金融控股集团管理的研究中来。

仁达方略管理咨询公司董事长　王吉鹏